365 TAGE ENGLISCHES GARTENGLÜCK

Roland Thomas | Fotos von Gary Rogers

365 TAGE ENGLISCHES GARTENGLÜCK

Garten-Tagebuch und Reise(ver)führer in einem

Deutsche Verlags-Anstalt

Vorwort

Engländer sind verliebt in Pflanzen – das muss der Grund sein, warum sie scheinbar alle mit Begeisterung und unvergleichlicher Qualität gärtnern. Ob das in Parks riesiger Landsitze geschieht, wo die Natur durch die geschickte Pflanzenwahl, Positionierung und Gestaltung des Geländes an Vollkommenheit noch übertroffen wird, oder im geschmackvollen Balkonkasten, der am Gitterzaun zur Souterrainwohnung in London hängt. Die Liebe zu den Pflanzen – und hier besonders zu den Blüten – kommt in den Cottage-Gärten besonders farbenfroh oder uni abgestimmt in beeindruckenden Staudenrabatten zur Geltung. Die Blütenvernarrtheit geht jedoch weiter: wir finden sie auf Teetassen-Dekoren, Wandbespannungen einladender Bed&Breakfast-Pensionen, auf den Krawatten der berühmten *Flower-Show*-Besucher oder den Blusen der Besucherinnen. Eine Nation im Blütenrausch.

Das milde Klima der Insel tat ein Übriges, um den Gartenspleen, den einige wenige erlauchte Familien vor Jahrhunderten kultivierten, bis in die Gegenwart übers ganze Land zu verbreiten. Und längst ist das Gärtnern im englischen Stil über die ganze Welt bekannt geworden und wird irgend möglich nachgeahmt. *365 Tage englisches Gartenglück* bringt von der überbordenden Vielfalt an jedem Tag eine Besonderheit: seien es Privatgärten, die man besichtigen kann, Showgärten der *Flower Shows*, die thematisch breit gefächert sind und oft symbolhaft alle möglichen Themen umsetzen, wie man es eigentlich in der japanischen Gartenkunst gewohnt ist. Wir präsentieren beeindruckende Landsitze mehrfach im Jahr, um das Spiel der Jahreszeiten zu erleben. Skurrile florale Besonderheiten werden gezeigt wie üppige Ergebnisse aus dem Nutzgarten. Ehrwürdige Glashäuser fehlen nicht, in denen Pflanzenraritäten aus der ganzen Welt gesammelt werden und ihr persönliches Idealklima vorfinden.

Es ist verblüffend, dass die *Royal Horticultural Society* gerade noch zu einer neuen Aktion aufgerufen hat, die *grey Britain* in den nächsten Jahren an 6000 Stellen im ganzen Land noch *greener* machen kann. www.rhs.org.uk/science/gardening-in-a-changing-world/greening-grey-britain

Der Fotograf Gary Rogers bereist die Insel seit Jahrzehnten, und so wird die Bildauswahl auch zum Spiegelbild von Trends und Veränderungen, denen die Gärten naturgemäß alle unterliegen. Website-Adressen ermöglichen die aktuelle Überprüfung von Öffnungszeiten, herausragenden Veranstaltungen oder auch nur von Anfahrtswegen. Auch all denen, die sich dem Linksverkehr nicht anpassen möchten oder auch nicht der Gruppenreisen-Typ sind, werden zahlreiche Adressen und Highlights vorgestellt, die bequem von London aus mit öffentlichen Verkehrsmitteln zu erreichen sind.

Neben der täglichen Bauernregel ist der freie Raum für Ihre eigenen Notizen im Garten-Jahreslauf besonders praktisch. Legen Sie das Buch doch auf Ihre Fensterbank und notieren Sie Ihre Beobachtungen, wann das erste Schneeglöckchen blüht oder die Schwalben wiederkommen, wann ein heftiger Hagel wütete oder wann die Apfelernte besonders üppig ausfiel. Da das Buch als immerwährender Kalender angelegt ist, kommen Sie beim nächsten oder übernächsten Jahr ganz von selbst auf die bemerkenswerten Veränderungen in Ihrem Garten.

Ich danke allen Gartenbesitzern, Firmen und der *Royal Horticultural Society* für Informationen, Gary Rogers für die Bildfülle aus dem Archiv und für ganz aktuelle Neuaufnahmen, Monika Pitterle für das schöne stringente Layout.

Ich freue mich, wenn Sie Ideen für Ihren Garten, Ihren Balkon oder für Ihre nächste Englandreise finden und auf diese Weise aus uns Deutschen, die den Wald zu Ihrem Sehnsuchtsort erwählt haben, auch ein wenig Blütenverliebte werden.

Roland Thomas

1. Januar

Anfang und Ende vom Januar
zeigen das Wetter fürs ganze Jahr

Wie von Schnee bestäubt beeindruckt am ersten Tag des Jahres einer der Höhepunkte der englischen Gartenkultur in Kent: **Sissinghurst Castle** mit seinem berühmten Weißen Garten, natürlich zur Zeit der Rosenblüte aufgenommen und nicht im Winter. Die Schriftstellerin Vita Sackville-West legte ihn 1930 an und begründete damit den Trend der immer noch sehr beliebten einfarbigen Beetbepflanzung. Etwa eineinhalb Zugstunden von London entfernt, lohnt ein Besuch das ganze Jahr. Darüber, was im Garten oder Schloss gerade zu besichtigen ist und welche Veranstaltungen stattfinden, informiert die sehr gute Website:
www.nationaltrust.org.uk/sissinghurst-castle

2. Januar

Makarius prophezeit
das Wetter für die Erntezeit

Die Strukturen des ruhenden Gartens werden unter leichtem Schnee besonders deutlich. Geschnittene Hecken, Solitärbäume und Büsche inszenieren auch in kleinen Gärten den winterlichen Blick aus dem Fenster. Hier das prächtige Beispiel überdimensionaler steinerner Pflanzbassins im Westgarten von **Chatsworth**, angelegt um 1820. Buchs und Eiben wurden hineingepflanzt und zeichnen die heute zeitlos wirkenden Formen. Da der Fotograf Gary Rogers das überaus fotogene Chatsworth liebt, werden wir im Laufe des Jahres noch öfter in diesen eindrucksvollen Parkgarten in Derbyshire kommen. www.chatsworth.org

3. Januar

Bringt Genoveva Sturm und Wind,
so ist uns Waltraud (9. April) *oft gelind*

Ein Kamin oder eine offene Feuerschale im Garten kann zwar nicht den Winter vertreiben, aber uns auch im Januar für kurze Zeit aus dem Haus locken. Diesen pfiffigen **Küchengarten** mit den praktisch erhöhten Pflanzbeeten haben Spencer del Buono Gazerwitz/Fung Architects 2008 für die Chelsea Flower Show angelegt und damit bewiesen, dass ökologisches Gärtnern im Zusammenspiel mit dem traditionellen Korbmacherhandwerk durchaus aktuell sein kann. Der weltgrößten Gartenschau in London, der Chelsea Flower Show, werden wir später noch mehr Aufmerksamkeit widmen und auch Tipps geben, wie man an die begehrten Karten kommt (siehe 18. März).
www.rhs.org.uk/shows-events/rhs-chelsea-flower-show

4. Januar

Im Januar dickes Eis,
im Mai ein üppig Reis

Bei Immergrünen wie Buchsbaum sollte man bei größerer, vor allem nasser **Schneelast** mit einem Besen behutsam von unten nach oben abkehren, da er sonst nicht mehr in seine alte Form zurückfindet, sich nicht mehr erholt oder gar Zweige abbrechen. Vorsichtige Gärtner binden ihre Buchskugeln zusammen, um dem Schnee eine geschlossene Fläche bieten zu können und damit die Kugeln nicht so leicht auseinanderbrechen. In England mit seinen in der Regel milden Wintern ist Raureif häufiger anzutreffen, und das Spiel aus Kristallen, vielfältigen Blattformen und ein wenig Sonne auf dem geradezu frischen Grün gehören zu den Höhepunkten im ansonsten auch dort für jeden Gartenfreund viel zu langen Winter.

5. Januar

Kommt der Frost im Januar nicht,
zeigt im März er sein Gesicht

Buchenhecken behalten ihr Laub auch im Winter und bieten auch dann Sichtschutz zum Nachbarn oder schlängeln sich wie hier in Chatsworth eindrucksvoll in Richtung auf die Büste des sechsten Herzogs von Devonshire. **1500 kleine Buchen** wurden hier im Jahre 1953 im Abstand von 45 Zentimetern gepflanzt, nachdem das Abstecken für die ungewöhnliche Form der Hecke in unterschiedlichen Wegbreiten und verschiedenen Kurvierungen zufriedenstellend gemeistert war. Jeder Gärtner kennt das: meist werden die Wege im Lauf der Zeit zu schmal, weil man sich beim Setzen der Pflänzchen einfach nicht vorstellen kann, wie groß und ausladend sie in einigen Jahren sein werden. www.chatsworth.org

6. Januar

Ist Dreikönig sonnig und still,
der Winter vor Ostern nicht weichen will

Manch Neugierige legen Karten, um daraus zu erkennen, wie das Jahr werden wird, andere befragen das Horoskop, und manche Gartenfreunde versuchen an der Schnelligkeit, in der sie ein Labyrinth, *maze*, erfolgreich durchqueren, Schicksalsfragen zu beantworten. Heute ein Buchs-Beispiel aus dem östlichen Garten von **Hatfield House**, der in erster Linie als Augenweide angelegt wurde, wenn man ihn vom Haus aus betrachtet. Ein Besuch des Landhauses, das zu den zehn schönsten Englands gezählt wird und nur etwa 20 Minuten mit der Bahn von London entfernt liegt, ist ein besonderes Erlebnis. Direkt am Bahnhof Hatfield House beginnt der Park, der meist von Anfang April bis Ende September geöffnet ist. Über die Öffnungszeiten und Attraktionen informiert: www.hatfield-house.co.uk

7. Januar

Hat der Januar viel Regen,
bringt's den Früchten keinen Segen

....

....

....

....

....

Ein Beet voller Kisten erregt im Winter Neugier. Was mag sich darunter verbergen? Im Küchengarten von Chatsworth hat man erfolgreich den essbaren **Meerkohl** *(Crambe maritima)* angepflanzt, der einen unvergleichlichen Geschmack hat. Im November wird Erde über die Pflanzen gehäufelt und eben jene großen Holzkisten mit den Deckeln darüber gesetzt. Die Blätter und Strünke wachsen im Dunkeln gebleicht heran und können im zeitigen Frühjahr geerntet und gekocht werden, wenn es noch wenig Gemüse gibt. Nach der Ernte kann er offen beliebig weiterwachsen, und seine blaugrünen Blätter und weißen Blüten sehen reizvoll aus.

8. Januar

Soll man den Januar loben,
muss er frieren und toben.

Auch wenn die Bauernregel sich im Januar nach Eis und Sturm sehnt, so wärmt die Planung, was im kommenden Jahr neu im Garten angelegt werden soll, schon jetzt das Gemüt aufs Beste! In diesem **Londoner Privatgarten** hat die Geometrie gesiegt und für erholsame Ordnung gesorgt: Quadratische Sitzkissen auf dem rechteckigen Holzdeck über dem rechteckigen Wasserbecken ergänzen die formalen Hecken zu Füßen der Bäume und als Terrassenabgrenzung. So bleibt Raum für Spiele auf dem Rasen oder für perfekte Cocktaileinladungen.

9. Januar

Wenn im Januar viel Nebel steigt,
sich ein schönes Frühjahr zeigt

Um das Schauspiel der Gräser-Wesen im Winter erleben zu können, darf man sie natürlich nicht im Herbst abschneiden. Aber das tun ja wohl nur Ordnungsfanatiker, die im Winter lieber auf die nackte Erde schauen, als die grafischen Spiele der Natur aus Pflanzen und Raureif zu bewundern. Außerdem ist der Grasschopf für viele Sorten der bewährte eigene Frostschutz. Dieses perfekt gestaffelte Beet findet sich im Schaugarten der Royal Horticultural Society in **Wisley**, Surrey. Eine Adresse, die das ganze Jahr über geöffnet hat, nur nicht am Weihnachtstag. www.rhs.org.uk/gardens/wisley

10. Januar

An Sankt Pauli Sonnenschein,
bringt viel Korn und guten Wein

....

....

....

....

....

Mit etwas Glück behält der ***Sorbus*** 'Joseph Rock' seine Fruchtstände bis in den Januar hinein. Ihre Farbe wechselt ab Ende September von zunächst Cremegelb zu Bernsteinfarben und schließlich zu Goldgelb. Weiß sind die doldenähnlichen Blütenstände im Mai. Im Herbst hat er dann nochmal ein orange- bis kupferfarbenes Blattfeuerwerk zu bieten. Der farbaktive Kleinbaum wird etwa 7 Meter hoch und gut 3 Meter breit, und ist damit auch für kleinere Gärten geeignet. In größerer Stückzahl umgeben sie wirkungsvoll eine Grotte im Peak District in Derbyshire. www.derbyshire-peakdistrict.co.uk

11. Januar

Im Januar viel Muckentanz,
verdirbt die Futterernte ganz

....

....

....

....

....

Der Hartriegel *(Cornus alba* 'Sibirica') bringt im Winter mit den roten Strichen seiner Äste Leben ins öde Grau. Wenn dann noch Tropfen an seinen Ästen hängen, so wie Gary Rogers die Situation im Park von Chatsworth eingefangen hat, ist die Komposition für kurze Zeit perfekt. Im Englischen werden die Hartriegel *dogwood* genannt, was aber nichts mit Hunden zu tun hat, sondern eigentlich ***dagwood*** heißen müsste. Denn das Holz der Hart(!)riegel eignet sich wegen seiner Stabilität für die Herstellung von Spießen und Dolchen, *daggers*.

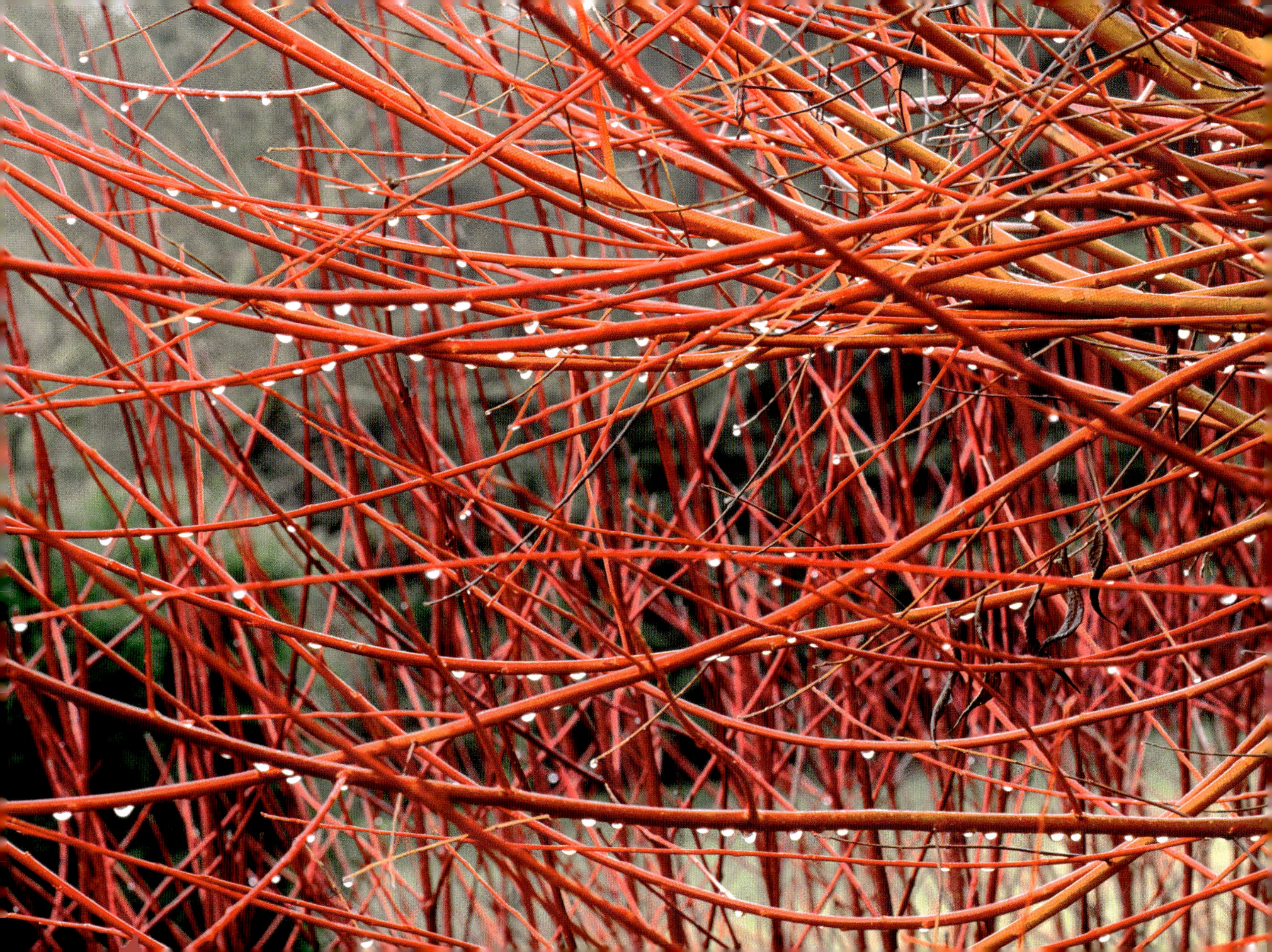

12. Januar

Januar ganz ohne Schnee
tut Bäumen, Bergen und Tälern weh

@..

....

....

....

....@

Ein Glashaus im Garten oder wie hier auf dem Dachgarten eines Londoner Stadthauses spielt den Jahreszeiten ein Schnippchen und lässt die Wetterstimmung 365 Tage im Jahr intensiv erleben. Die Formen dieses Luxusbeispiels sind den großen Glaspalästen des späten 19., frühen 20. Jahrhunderts nachempfunden – zum Beispiel die Gewächshäuser im Botanischen Garten von **Kew Gardens**, Richmond/Surrey, nur 10 Meilen westlich von London. www.kew.org. Wer so ein stimmungsvolles Glashaus haben möchte, das mit den üblichen Wintergärten nur wenig gemein hat, wendet sich an www.marston-and-langinger.com.

13. Januar

Wirft der Maulwurf im Januar,
dauert der Winter bis Mai sogar

@..

....

....

....

....@

Der vordere, untere Bereich des **Cottage-Gardens** neben Chatsworth House wird von den klassischen Buchsformen der Hecken mit zentralem Rundbeet geprägt und ist auch im Schnee attraktiv. Später im Jahr blühen hier wie eingestreut Papageientulpen zwischen Flächen füllenden Vergissmeinnicht – eine fröhliche Farbpalette aus Pink, Himmelblau und intensivem frischen Grün. Im September dann sind es die Dahlien, die in warmen Orange- und Rottönen die Beete füllen. www.chatsworth.org.

14. Januar

Ist der Paulustag gelinde,
folgen im Frühjahr raue Winde

....

....

....

....

....

Der Rosenkohl stammt ursprünglich aus den Spanischen Niederlanden, dem heutigen Belgien, dort ist er seit dem Ende des 16. Jahrhunderts bekannt. Engländer nennen ihn daher auch ***Brussel Sprout*** und lieben ihn besonders. Er wird auf der Insel ertragreich angebaut, da er Temperaturen unter –10 Grad nicht gut verträgt. Leichte Fröste schaden ihm jedoch nicht. Die Röschen am 50 bis 70 Zentimeter langen Stil werden schon ab September geerntet, aber vor allem im November und Dezember, bis in den Januar hinein.

15. Januar

Die Schnake, die hat leichtes Spiel,
bringt der Januar der Wärme viel

....

....

....

....

....

Eine Gartenreise will gut geplant sein, und **Chenies Manor**, Buckinghamshire, gehört unbedingt auf die Reiseroute. Von London ist er mit der Metropolitan Underground ab Baker Street in 45 Minuten zu erreichen (Station Charleywood), dann aber sind nochmal 30 Minuten zu Fuß einzuplanen, wenn man sich kein Taxi leisten möchte. Der Senkgarten, den Alistair und Elizabeth MacLeod Matthews angelegt haben, ist vor allem zur Zeit der Tulpenblüte sehenswert. Im Juli wird seit vielen Jahren eine viel besuchte Pflanzenverkaufsausstellung abgehalten. Mehr Information unter www.cheniesmanorhouse.co.uk.

16. Januar

Der Theobald, der Theobald,
der macht unsere Häuser kalt

....

....

....

....

....

Der unscheinbare Anblick von geernteten **Zwiebeln**, die zum Trocknen hängen, setzt doch einen gewissen Luxus voraus. Es sind zum einen genügend Beete für die Zwiebelpflanzen vonnöten – und wie gern würde man die Fläche für „edlere“ Gemüse oder Blumen nutzen –, zum anderen eine trockene Wand im Gartenschuppen, wo nicht nur Geräte und Werkzeuge ihren Platz beanspruchen. Aber dafür weiß man dann auch, dass diese Zwiebeln nicht um den Globus transportiert wurden, bevor sie in die Pfanne oder den Salat kommen. Das Foto stammt aus dem Schuppen beim Küchengarten von Chatsworth House. www.chatsworth.org

17. Januar

Um Antonius nehmen die Tage zu
um eine kleine Mönchesruh'

....

....

....

....

....

Agapanthus 'Oslo' gehört zu den laubabwerfenden Sorten, seine Blüten sind blassgrau, was der Raureif auf dem Foto noch einmal sehr wirkungsvoll nachahmt. Jährlich kommen neue Züchtungen bei den Schmucklilien aus England, Neuseeland und den Niederlanden hinzu. Das Hoyland Plant Center in Hoyland ist eine verführerische Adresse am Fuße der *Pennines* in South Yorkshire, um aus dem großen Angebot an *Agapanthus* und *Tulbaghia* auszusuchen und zum Fachsimpeln. Für beide Pflanzen hält die Firma das Siegel der *National Plant Collection*.
www.somethingforthegarden.co.uk

18. Januar

Gibt's im Januar Wind von Osten,
tut die Erde langsam frosten

Ein wenig Raureif und lange Schatten im milchigen Sonnenschein, so sieht das optimale Januarwetter aus. Wir sehen hier die beruhigende Stimmung der Promenade an der Ostfassade von Chatsworth House, die durch die individuell geschnittenen Formen der **Gold-Eiben** geschaffen wird, zu deren Füßen jetzt die Lavendelbüschel 'Hidcote' und die Polyantharose 'Schneewittchen' in Starre verfallen sind. www.chatsworth.org

19. Januar

Auf harten Winters Zucht
folgt gute Sommerfrucht

Am oberen Teich im Park von Chatsworth House bilden einige *Viburnum opulus*, die wir als **Gemeinen Schneeball** bezeichnen, eine imposante Feldhecke. Im Winter bringen die roten Beerendolden etwas Farbe ins kahle Grau und liefern den Vögeln Nahrung. Die weißen duftenden Blüten werden im Frühling von Insekten geschätzt. Der bis zu 4 Meter hohe Strauch ist völlig winterhart und wirkt auch als einzelner Busch im naturnahen Garten gut.
www.chatsworth.org

20. Januar

Tanzen um Fabian schon die Mücken,
muss man später den Kühen das Futter bezwicken

Die **Zaubernuss** hebt aufs Beste die Stimmung, wenn im Winter andere Blüten noch rar sind. Nicht nur in England, hier ein Beispiel einer *Hamamelis* x *intermedia* 'Pallida' aus Derbyshire, gedeihen die Büsche problemlos. Sie überzeugt durch ihre großen, hellgelben, duftenden Blüten, die sie als erste der Zaubernusssorten trägt, in milden Gegenden schon um Weihnachten.

21. Januar

Die Agnessonne
hat weder Kraft noch Wonne

Wie es die Bauernregel besagt, hat die Sonne jetzt noch nicht viel Kraft. Nicht einmal der Reif an den Efeublättern taut sofort weg. Der im Alter großblättrige **Efeu** *(Hedera canariensis* 'Ravensholt') liebt das milde Klima im Süden Englands (Winterhärtenzone 7b-9) und ist auch leicht salzverträglich. Bei uns wird er gern auch als Zimmerpflanze kultiviert. Wer sich nach Chatsworth House & Garden aufmacht, darf nicht verpassen, das Himmelbett im Cottagegarten anzuschauen, es ist komplett von diesem Kletterer überzogen: eine skurrile Inszenierung, diese bepflanzten Möbel im Garten. www.chatsworth.org

22. Januar

Wie das Wetter zu Vinzenz war,
wird es sein das ganze Jahr

....

....

....

....

....

Weil es im Winter gar zu schön aussieht, heute nochmal ein Beispiel der imposanten Gräser-Persönlichkeiten aus dem Wisley-Garten, Surrey, südwestlich von London. Wer hier sein gültiges Bus- oder Bahnticket vorlegt, zahlt einen ermäßigten Eintrittspreis. ***Green Travel*** nennt man es dort. Dieser „grüne Preisvorteil" gilt auch, wenn man mit dem Fahrrad kommt. Die nächst gelegene Bahnstation ist West Byfleet, drei Meilen weiter entfernt ist Woking (dort gibt es aber Taxis).
www.rhs.org.uk/gardens/wisley

23. Januar

So viele Tropfen im Januar,
so viele Flocken im Mai

Was hier als harmonisches Zusammenspiel aus neugebautem Bassin mit unterschiedlich breiten Wasserstufen, gepflegter Rasenfläche und munterer Staudenbepflanzung daherkommt, spielt auf ein besonderes urbanes Projekt an: Die **Revitalisierung** von Brachflächen im Londoner Osten, der Neubau der Sportstädten und einer insgesamt zeitgemäßen Infrastruktur anlässlich der olympischen Spiele im Vorort Stratford. Michael Balston und Marie-Louise Agius haben den Entwurf für die Chelsea Flower Show 2013 erdacht, als das olympische Dorf schon bald an die neuen Bewohner übergeben werden konnte.

www.eastvillagelondon.co.uk www.balstonagius.co.uk

24. Januar

Auf trockenen, kalten Januar
folgt viel Schnee im Februar

....

....

....

....

....

Neben den berühmten Garten-Shows in Chelsea (Mai) oder Hampton Court (Juni) im Raum London ist die von **Tatton Park** im Juli die Attraktion für alle Freunde der englischen Gartenkultur und Floristik südwestlich von Manchester. Auch dort werden phantasieanregende Gärten eigens für ein paar Tage so lebensecht und in vollem Pflanzenschmuck arrangiert, dass Tausende von Besuchern sich zum *Tatton Park*, Knutsford / Cheshire, aufmachen. Bei diesem Beispiel von 2012 ging es darum, traditionelle Materialien und Techniken für ein neues Gartenbild zu nutzen. Ein Mühlstein in der Schichtmauer ist zum markanten Blickfang geworden.

www.rhs.org.uk/shows-events/rhs-flower-show-tatton-park

25. Januar

Ist an Pauli das Wetter schön,
werden wir ein warmes Frühjahr seh'n

....

....

....

....

....

Dieser moderne Stadtgartenentwurf des inzwischen weltbekannten Gartendesigners Luciano Giubbilei für die Chelsea Flower Show 2009 ist in den letzten Jahren Vorbild für die Gartengestaltung geworden: Eiben-, Buchs- und Hainbuchen-Hecken in strengem Formschnitt gliedern den (nur 225 Quadratmeter großen) Garten in einzelne Bereiche. Komfortable Outdoor-Möbel verwischen die Grenzen zwischen dem Wohnen innen und außen. Unbedingt gehört auch ein plätscherndes Wasserspiel in einen **City-Garten**, um das allgegenwärtige Rauschen des Straßenlärms zu überspielen. Der Brunnen besteht hier aus hellem Travertin aus Siena und einem dunklem Naturstein aus Verona.
www.lucianogiubbilei.com

26. Januar

Timotheus bricht das Eis;
hat es keins, dann macht er eins

....

....

....

....

....

Hever Castle und seine Gärten, an den Grenzen von Kent, Sussex und Surrey gelegen, sind eine eigene Reise wert. Die auffällig geschnittenen Gold-Eiben formen im Tudor-Garten **Schachfiguren** nach, so wie zur Zeit Heinrichs VIII. und Anna Boleyns, die ihre Kindheit hier verbracht hat, der Garten ausgesehen haben mag. Darüber hinaus gibt es einen Italienischen Garten, einen von Duft erfüllten Rosengarten, ein großes Labyrinth, Wasserspiele, einen See, Rhododendrenwege und so viel mehr. Zu Jahresbeginn ist der Parkgarten einige Wochen geschlossen, Näheres unter www.hevercastle.co.uk

27. Januar

Knarrt im Januar Eis und Schnee,
gibt's zur Ernt' viel Korn und Klee

....

....

....

....

....

Der Spleen, ruinenartige Gebäude aufzubauen, zu bepflanzen und im Garten zu integrieren, hat seit längerem auch in Deutschland seine Spuren hinterlassen. Die hier gezeigte malerische Turmvariante wurde eigens auf der **Hampton Court Flower Show** 2004 von Mark Turner und Michael Steel für ein paar Besuchertage im Juni aufgebaut. Alte Steine kann man jetzt schon im Januar für ein Bauvorhaben im Frühling zu sammeln beginnen …

www.rhs.org.uk/shows-events/rhs-hampton-court-palace-flower-show

28. Januar

Wächst das Gras im Januar,
ist's im Sommer in Gefahr

Ein **Glashaus** zum temporären Wohnen ist ein Traum. Mitten im Garten zu sitzen, unabhängig von Jahres- und Tageszeit, von Wind und Schauern ist durchaus machbar. Dieses an klassische Tempel erinnernde *Conservatory* oder auch *Orangery* genannt, wurde von Marston & Langinger aufgebaut. www.marston-and-langinger.com

29. Januar

Januar trocken und rau,
nützt es dem Getreidebau

Die kleinen **Sonnenuhren** sind ein beliebtes Accessoire in englischen Cottagegärten. Dieses Beispiel, umgeben von Edeldisteln und *Allium* sowie Bartfaden, steht im reizvollen Garten von Eastgrove Cottage. Der Garten liegt in Worcesterhire in der Nähe von Shrawley. Leider haben Carol und Malcolm Skinner den dazugehörenden Pflanzenverkauf und die Öffnung fürs Publikum nach 34 Jahren erfolgreichen Gärtnerns einstellen müssen. Manchmal wird Gartenarbeit eben ganz schön anstrengend. Eastgrove Cottage mit seinem Fachwerkbau aus dem 17. Jahrhundert und seinem vielgestaltigen Garten war Inspirationsquelle für viele Landhausgärten in ganz Europa.

30. Januar

Scheint an Martina die Sonne mild,
ist sie der guten Ernte Bild

In jeden ambitionierten Garten gehört ein Platz zum Umtopfen, denn schön und praktisch ist es dort, sich um die Neukultur zu kümmern. Dieses Beispiel stammt aus dem gern besuchten Garten **Bryan' s Ground** im Westen Englands, bei Presteigne / Herefordshire. Auf drei Hektar haben David Wheeler und Simon Dorrell einen außergewöhnlichen Garten angelegt, der einlädt zum Spazieren, zum Staunen, zum Malen (die Schwertlilien!) oder auf der Terrasse Tee zu trinken. Für die Öffnungszeiten oder Besuche in kleinen Gruppen nimmt man am besten über die Website Kontakt auf. www.bryansground.co.uk

31. Januar

Ist der Januar hell und weiß,
wird der Sommer gerne heiß

....

....

....

....

....

Das **Mondtor** ist in der chinesischen Gartenkunst ein altes Gestaltungsmittel, um den Besucher von einem Gartenraum in einen anderen zu führen. Man soll einzeln und nur in der Mitte des Kreises hindurchschreiten. Die Erkundung eines Gartens wird auf diese Weise sehr viel spannender, das Dahinterliegende gewinnt an Bedeutung. Durch die Art der raffinierten Pflasterung am Boden dieses Beispiels von der *Chelsea Flower Show* in London meint man sogar, eine im Wasser gespiegelte Halbkreisform vor sich zu haben. Treten wir hindurch und schauen, was der Februar bringt.

1. Februar

Der Februar muss stürmen und blasen,
soll das Vieh im Lenze grasen

Schneetropfen, ***snowdrops***, nennen die Engländer die Herz erwärmenden Schneeglöckchen. Und aus England ist der Kult um den Zwiebelchenhandel dieses inzwischen mit mehr als 300 Sorten präsenten Winterblühers auch zu uns gelangt. In Shaftesbury/Dorset wird ein richtiges Snowdrops-Festival veranstaltet mit Schneeglöckchen-Laternen-Umzügen, Verkaufsbörse und Schneeglöckchen-Kunstausstellung. Die genauen Termine im Februar findet man unter www.shaftesburysnowdrops.org. In Deutschland sind die Schneeglöckchentage im Nettetal (Niederrhein) besuchenswert, die Ende Februar veranstaltet werden.
www.oirlicher-blumengarten.de

2. Februar

Von Weihnacht bis Dreikönig ein Hühnertritt,
von Dreikönig bis Lichtmess (2. Februar) *ein Männerschritt*
(Über die wieder länger werdenden Tage)

....

....

....

....

....

Seit ein paar Jahren sind Wildblumenwiesen, Präriegärten und jede mögliche Art von **Insektenhotel** unverzichtbare Entwurfsbestandteile ökologisch orientierter Garten- und Landschaftsarchitekten – weil viele Bauherren es so auch haben möchten. Aus Baucontainern werden kleine Studios mit begrüntem Dach, und Natursteinmauern sammeln Wärme und bieten Raum für Gäste aller Art. 2011 bereits hat Nigel Dunnett aus Sheffield für die Chelsea Flower Show solch einen „New Wild Garden" geschaffen. www.nigeldunnett.info

3. Februar

Wenn im Februar die Mücken geigen,
müssen sie im Märzen schweigen

Über 350 Jahre alt sind die Eiben, die den Garten von **Packwood House** südöstlich von Birmingham prägen. *Sermon on the Mount*, also Bergpredigt, wird die berühmte Topiary-Anlage genannt. Ebenso eindrucksvoll wie diese Schnittkunst, sind der Küchengarten und die Blumenwiesen. Ein Pflanzenverkauf ermöglicht es, das gerade Gesehene für den eigenen Garten mitzunehmen. Nicht auslassen sollte man auch das Erlebnis der Follies, Architekturgebilde, die schon Graham Baron Ash in den 20er und 30er Jahren des vorigen Jahrhunderts angelegt hatte und die jetzt der Künstler Hilary Jack aus Manchester mit vielen alten Fundstücken neu inszeniert hat. www.nationaltrust.org.uk/packwood-house www.hilaryjack.com

4. Februar

Ein nasser Februar
bringt ein fruchtbar Jahr

....

....

....

....

....

Mit wenig Aufwand kann man **mediterrane Stimmung** auf der Terrasse oder dem Balkon erwecken. Der warme Gelbton in Verbindung mit terrakottafarbenen Dachziegeln, ein paar Sukkulenten, Farne, Lavendel im Topf und ein kleiner Bistrotisch genügen. Das Arrangement wurde für die Chelsea Flower Show gestaltet. Ein Winterquartier für einige nicht frostverträgliche Pflanzen sollte allerdings verfügbar sein, zumal der nötige Wasserbedarf im Winter Blumentöpfe draußen zerspringen lassen würde.

5. Februar

Am Fünften, am Agathentag,
da rieselt das Wasser den Berg hinab

Edward William Spencer (1895–1950), der 10. Duke of Devonshire, hatte zwei Leidenschaften: das Reisen und die Botanik. So begleitete ihn stets das dreibändige Standardwerk zur Systematik der Wildblumen von G. Bentham & J. D. Hooker, *Genera plantarum ad exemplaria imprimis in herbariis kewensibus servata definita*. Darin kolorierte er die Schwarzweiß-Abbildungen der Pflanzen, die er selbst gesehen hatte, und vermerkte jeweils den Standort dazu. Im Ronksley Moor, Derbyshire, hat er *Arctostaphylos*, die Bärentraube, gefunden und die roten Beeren perfekt plastisch ausgemalt. In seinem Park von *Chatsworth House* beim Labyrinth hat er jedoch einen recht ähnlichen, aber höheren **Cotoneaster** gepflanzt. www.chatsworth.org

6. Februar

Nach dem Dorotheentag
kein Schnee mehr gerne kommen mag

Die aus Latten gezimmerten Gestelle sind noch nicht der endgültige Schmuck des Gartens, obwohl auch sie schon sehr dekorativ dastehen. Sie sind erst die Formen für die darin gezogenen Gehölze, Buchs, Thuja, Eibe, die zu **Pyramiden** geschnitten werden sollen. So gesehen im Hausgarten von Bryan's Ground, Presteigne, Herefordshire.
www.bryansground.co.uk

7. Februar

Ist der Februar trocken und kalt,
wirst im August vor Hitz zerspringen bald

Frühlingsalpenveilchen *(Cyclamen coum)* wirken in der Fülle erst richtig schön. An einem halbschattigen Standort unter Laubbäumen oder Büschen, die im Winter kahl sind, fühlen sie sich besonders wohl. Sie sind bis –18 Grad winterhart, der Boden sollte humos und gleichmäßig feucht sein. Sie blühen schon im Januar bis zum April. Danach vertrocknen Blätter und Blüten, und die Knollen bleiben im Boden. Diese Prachtsammlung ist in den Schaugärten von Wisley der Royal Horticultural Society aufgenommen worden.
www.rhs.org.uk/gardens/wisley

8. Februar

Sonnt sich die Katz im Februar,
muss sie im März zum Ofen gar

....

....

....

....

....

Badminton House, South Gloucestershire, liegt etwa eine halbe Stunde nördlich von Bath und ist für seine Reitveranstaltungen bekannt. Darüber hinaus wird das prächtige Landhaus aus dem 17.Jahrhundert und die nahe gelegene Kirche für Hochzeiten und große Feste genutzt. Zudem gibt es auch sehenswerte Gärten, wie zum Beispiel den durch Hecken in einzelne Räume gegliederten Südgarten mit im Juni üppigen Rosenbeeten.
Der Garten ist nicht immer geöffnet, da der Landsitz privat von Duke und Duchess of Beaufort bewohnt wird. Hier wurde übrigens im Jahre 1863 das Badminton Spiel erfunden. Öffnungszeiten und Veranstaltungen unter www.badmintonestate.co.uk

9. Februar

Kommt die Jungfrau Apollonia,
sind auch bald die Stare wieder da

....

....

....

....

....

Aus ein paar alten Ziegelsteinen und einem ausrangierten Fenster lässt sich ein kleines **Anzuchtbeet** einfach bauen, das auch sofort aussieht, als wäre es seit Langem so im Garten in Gebrauch. Dies ist wieder ein Beispiel für die originell und detailgetreu aufgebauten Schaugärten der Londoner Hampton Court Flower Show und zwar für den Garten einer Land-Polizeistation im Stil der 1950er Jahre. Penny Smith hat ihn 2005 entworfen.
www.shootgardening.co.uk/article/millys-fund-the-old-police-house

10. Februar

Wenn's im Februar regnerisch ist,
hilft's so viel wie guter Mist

Englischer geht's nicht: ein alter Mini in der Fachwerkgarage, ein winziger blühender Garten vor dem mit Rosen berankten **Reihenhaus**. Selbst die Zufahrt ist nicht einfach asphaltiert, sondern nur mit Platten als Fahrstreifen zwischen dem Gras angelegt.
Paul Stone hat ihn im Rahmen seines Programms „Help the aged" im Stil der 60er Jahre angelegt. Dieses ist nur einer seiner Beiträge, mit der er seit 1987 an der Chelsea Flower Show teilnimmt, mehrere Gold-Medaillen gewonnen hat und von Prinzessin Diana für seine Aktivitäten im Dienste der Alten ausgezeichnet wurde. Darüber hinaus hat er Hunderte Privatgärten entworfen. www.paulstonegardens.co.uk

HTA 61

11. Februar

Im Februar Schnee und Eis
macht den Sommer heiß

Mit ein wenig Dekoration lassen sich auch alltägliche Ausblicke verschönern, so wie hier in **Babington House** südlich von Bath. Mit seiner langen Auffahrtsallee lädt es ein, seinen *walled garden,* den von alten Ziegelmauern umgebenen Küchengarten zu besuchen und in diesem luxuriösen Landhotel in Somerset das englische Wesen aufs Beste kennenzulernen: Der Tennisplatz, das kleine Kino, der spezielle Teeny-Raum, die Bar, die Orangerie, das Lesezimmer mit prasselndem Kamin … www.babingtonhouse.co.uk
Und wer nur geschmackvollen Trödel sucht, geht am besten nach London auf Alfies Antik Markt, U-Bahn-Haltestelle Marleybone, wo einen an die Hundert Händler auf mehreren Etagen in einem wiederhergerichteten Art-Deco-Kaufhaus erwarten. Ein kleines Dachgartencafé gibt's auch. www.alfiesantiques.com

THE CROMWELL HOUSE
SCALE

12. Februar

Sankt Eulalia Sonnenschein,
bringt viel Obst und guten Wein

....

....

....

....

....

Für die Erhaltung der **Bienenvölker** kann nicht genug getan werden, darauf hat Paul Cook von Ness Botanic Gardens schon 2008 auf der Tatton Park Flower Show mit seinem Garden for the Bees hingewiesen. Das mit Sedum bepflanzte Schuppendach ist neben Obstbäumen, die von den Bienen zur Bestäubung abhängig sind, markantes und effektives Entwurfselement. Der botanische Garten von Ness gehört zur Universität von Liverpool und bietet das Jahr über auch für Laien viele Veranstaltungen. www.nessgardens.org.uk

13. Februar

Nebel im Februar –
Kälte das ganze Jahr

....

....

....

....

....

Sir Roy Strong, der Historiker und ehemaliger Direktor des Victoria und Albert Museums in London und berühmter Gartenbuchautor, und seine Frau Julia Trevelyan Oman haben einen großen historisierenden, formalen Garten auf einem vier *acre* (ca. 16 000 m²) großen Brachgelände angelegt und ihn über 40 Jahre lang perfektioniert. Es ist sicher der bedeutendste seiner Art nach 1945. Dieses an italienische Villengärten erinnernde Karree mit Steinurnen wurde aus Buchs gepflanzt. Heute kümmern sich die beiden Gärtner Philip Teague und Shaun Cadman um die Pflege der riesigen Anlage voller unterschiedlichster Gartenräume. **Lasket Gardens** liegt in Herefordshire westlich von Gloucester; der Garten ist nur in Gruppen von etwa 20 Personen zu besuchen, Details dazu gibt es auf www.thelaskettgardens.co.uk.

14. Februar

Hat der Valentin Regenwasser,
wird der Frühling noch viel nasser

....

....

....

....

....

Am **Valentinstag** haben Floristen und Confiseure Hochsaison, seit es zum Tag der Liebenden geworden ist. Einst gedachte man am 14. Februar der Enthauptung Bischofs Valentin aus dem italienischen Terni, der im Jahr 269 getötet wurde, weil er Ehen geschlossen hatte, die nach kaiserlichem Recht nicht erlaubt waren, jedoch unter besonderem Glück gestanden haben sollen. Aus seinem Garten hatte er ihnen zu diesem Anlass Blumen geschenkt. In England ist der Brauch, dass sich Verliebte Gedichte oder kleine Präsente schicken, seit dem 15. Jahrhundert nachweisbar. Über und über dekorierte Schmuckkarten kamen zu diesem Turtel-Termin im 19. Jahrhundert dort auf. Wir zeigen die 2013 vom Rosenspezialisten David Austin auf den Markt gebrachte, an alte Wildrosen erinnernde Sorte 'Thomas à Becket', benannt nach dem Erzbischof der Kathedrale von Canterbury in den Jahren 1162–1170. www.davidaustinroses.com

15. Februar

Wenn der Nordwind im Februar nicht will,
so kommt er sicher im April

Eine raffinierte **Treppenanlage** aus Ziegeln vermittelt zwischen zwei Gartenniveaus. Eine hübsche und unkomplizierte Art der Absturzsicherung bilden die zahlreichen Terrakotta-Töpfe in ihrem einheitlich weißen Blütenschmuck. Knirscht ein Kiesweg nicht erhaben? Hier führt er in den weiteren Teil dieses südenglischen Privatgartens.

16. Februar

*Der Simeon zeigt mit seinem Tage,
der Frost ist nicht mehr lange Plage*

Aus Kalkstein wurden die typischen Häuser der Dörfer in den **Cotswolds** gebaut. In der lieblichen hügeligen Landschaft in den Grafschaften Gloucestershire, Ofxordshire und Warwickshire lebte man einst vom Wollhandel. Heute ist es eine begehrte Adresse für die Landhäuser und Cottagegärten gut situierter Londoner geworden. Auch Krimi-Inspektor Barnaby besucht hier auf seinen Ermittlungen die bessere Gesellschaft in ihren Traumhäusern. Selbst kleinste freie Stückchen Grund vor den Häusern werden bepflanzt, was den Charakter eines sonst eher grau wirkenden Straßenzugs aufblühen lässt. Sehr zur Nachahmung empfohlen, auch diesseits des Kanals.
www.commons.wikimedia.org/wiki/Category:Cotswold_stone

17. Februar

Ist der Februar trocken und kalt,
kommt im März die Hitze bald

@...

....

....

....

....@

Bescheiden nennt sich Will Wilson Künstler der schönsten **Vogelbäder** der Welt. In der Tat schafft er es, aus einer beinahe kitschigen Kombination aus naturalistischen Tierplastiken und einer Wasserschale ein Objekt zu machen, das man freudig betrachtet. Er lebt in Australien und stellt regelmäßig in England aus. Auch in Deutschland kann man seine Tierskulpturen und Vogelbäder bekommen, wenn man seine Website kontaktiert.
www.williewildlifesculptures.com.au

18. Februar

Lässt der Februar Wasser fallen,
so lässt's der März gefrieren

....

....

....

....

....

Auf halbem Weg zwischen Oxford und Birmingham liegt ein weiterer Schatz englischer Gartenkunst: **Hidcote Manor**. Lawrence Johnston, ein ehemaliger amerikanischer Soldat, der in Paris geboren wurde, hat hier in der ersten Hälfte des 20. Jahrhunderts die einladenden, höchst phantasievollen Gartenzimmer angelegt. Die Hecken wurden zunächst aus rein praktischer Erwägung gepflanzt, um den ständigen Wind abzuhalten. Ab Mitte Februar öffnet der Garten wieder für Besucher. Wer in den Wintermonaten sehen möchte, was Johnston unter Gartenkultur versteht, der kann in Menton an der Cote d'Azur den Garten Serre de la Madone besuchen, denn diesen hat er auch seit 1924 angelegt, um dort die milden Winter zu verbringen und mit exotischen Pflanzen zu experimentieren.

www.nationaltrust.org.uk/hidcote/ und www.serredelamadone.com

19. Februar

Kalter Februar
bringt ein gutes Roggenjahr

....

....

....

....

....

Es sind diese immer wiederkehrenden Träume: Pforten, die man bislang nicht einmal wahrgenommen hatte, öffnen sich für verzauberte Gärten, durch Fenster blickt man in geheimnisvolle Räume. Solche Gedanken kommen einem Betrachter der Gartenentwürfe, die der englische BBC-Garten-Sendungen-Moderator **Chris Beardshaw** schon mehrfach für die alljährliche Chelsea Flower Show umgesetzt hat. Sein „Trick“: mit altem Baumaterial zu arbeiten, mit bemoosten Steinen, verwitterten Türen, reifen Pflanzen. Jedoch gestaltet er auch ganz moderne Entwürfe als Gartendesigner, für die er zahlreiche Medaillen und Auszeichnungen einsammeln konnte. www.chrisbeardshaw.com

20. Februar

Im Februar müssen die Stürme fackeln,
dass dem Ochsen die Hörner wackeln

@...

....

....

....

....@

Den Schneeglöckchen sei noch einmal ein Tag im Februar gewidmet. Vor allem jetzt blühen sie. Sind sie nicht am schönsten, wenn so viele unter Bäumen stehen? Einige Jahrzehnte braucht es schon, bis sie sich so zahlreich vermehrt haben. Man kann in England Fans beobachten, die an Spazierstöcken unten Spiegel angebracht haben, mit denen sie ins Innere der Blüten schauen können, ohne sich auf die Wiese legen zu müssen. Englands größter Schneeglöckchengarten ist Colesbourne Park, dessen Sammlung mittlerweile 250 verschiedene Snowdrops erblühen lässt. Er ist im Besitz der Familie Elwes seit 1789, und bereits 1874 hat Henry John Elwes begonnen, die *Galanthus*-Zwiebeln zu sammeln. www.colesbournegardens.org.uk.
Bei uns gibt es nun immer mehr Veranstalter, die Reisen nach England organisieren, die ganz im Zeichen des Schneeglöckchens stehen, zum Beispiel Peter Gartz und Hermann Gröne, www.garten-groene.de, oder Iris Ney, www.iris-ney.de.

21. Februar

Felix und Petrus (22. Februar) *zeigen an,*
was wir vierzig Tag für Wetter ha'n

....

....

....

....

....

Eine feine Adresse ist Barnsley House (Gloucestershire) als Country-Hotel, wobei allein die Gärten schon mindestens einen Afternoon-Tea wert sein sollten, um sie anschließend besichtigen zu können. Die Grand Dame der englischen Gartenkunst hat sie seit den 50er Jahren angelegt: **Rosemary Verey** (1918–2001). Hier auf der Terrasse vor dem Knotengarten mit den sich scheinbar umschlingenden Pflanzenmustern bekommt der Gast das Gefühl in einer besseren Welt daheim zu sein. Gartenführungen können für Gruppen ab acht Personen organisiert werden. www.barnsleyhouse.com

22. Februar

Gefriert es in der Petrusnacht,
dann auch noch lang das Eise kracht

....

....

....

....

....

Rasen, perfekt im Streifenmuster gemäht, ist geradezu das Synonym für englische Parkkultur. Dieser grüne Teppich erstreckt sich vor Lower Slaughter Manor in den Cotswolds. Heute ist in diesem Landsitz aus dem 17. Jahrhundert ein geschmackvolles Hotel mit vorzüglich englischer Küche untergebracht. Im Winter gibt es spezielle Arrangements für Kost und Logis, ein Winter-Pimms als aufwärmendes Getränk inklusive. www.lowerslaughter.co.uk
Das Dorf Lower Slaughter gilt als eines der schönsten Englands. Ganz in der Nähe liegt das sehenswerte Batsford Arboretum, eine private Baum- und Gehölzsammlung, natürlich auch mit großer Schneeglöckchen-Kollektion. Dank mildem Klima sind oft bereits Ende Januar die ersten Anzeichen des Frühlings zu erkennen. www.batsarb.co.uk. Auch Oxford ist nicht weit.

23. Februar

Februartau
bringt Nachtfrost im Mai

Einladene **Adirondack Chairs** auf der Terrasse von **Badminton House**. Die Rückenlehnen dieser bequemen Sessel lassen sich verstellen, sodass man sowohl die Tassen für den *Tea for Two* auf den Lehnen abstellen als auch sich mit wärmendem Plaid zum ersten Sonnenbad zurücklehnen kann. Sogar Fußhocker gibt es dazu. Das ursprüngliche Design des Stuhls wird dem Amerikaner Thomas Lee zugeschrieben, der 1902 für eine Familienfeier einfache Sitzgelegenheiten für die Gäste selbst zimmerte. Harry Bunnel, ein befreundeter Schreiner, erhielt von ihm das Design und meldete es 1905 als „Westport Chair" zum Patent an. Da beide im Bundesstaat New York unweit der Adirondack Mountains lebten, erhielt der Stuhl von dort seinen Namen. Mehr zu Badminton House siehe den 8. Februar.

24. Februar

Wenn neues Eis Matthias bringt, so friert es noch 14 Tage;
wenn noch so schön die Lerche singt, die Nacht bringt neue Plage

Great Dixter ist das ganze Jahr über sehenswert, im Februar sind es neben den Schneeglöckchen die Helleborus, die zu besonderen Führungen einladen. Fergus Garret, der Head-Gardener, lässt es sich nicht nehmen und führt oft selbst durch die üppig blühenden Beete der Christrosen. Sir Christopher Lloyd hat diesen beeindruckenden Garten angelegt und seine Erlebnisse dabei in einem amüsant zu lesenden Briefwechsel mit der englischen Gartenkoryphäe Beth Chatto beschrieben *(Dear Friend and Gardener,* in Deutsch, München 2013). Der Garten liegt im Südosten Englands, unweit der Küstenorte Hastings und Rye. Dorthin gelangt man von London mit dem Zug, und dann geht es weiter nach Northiam mit dem Bus, sonntags selten. www.greatdixter.co.uk

25. Februar

Sankt Burgel (Walburga)
geht dem Winter an die Gurgel

....

....

....

....

....

Ordnung ist das halbe Leben, oder, wie die Engländer sagen: *A tidy house, a tidy mind*, also: ein aufgeräumtes Haus, ein aufgeräumter Geist. Sieht man sich diese proper aufbewahrte, recht „undesignte“ Werkzeug- und Gerätesammlung an, kommt man schwer darauf, wem sie gehört: Wir sind in Barton Court, dem Landsitz von **Sir Terence Conran**, dem englischen Erfinder des guten Designs, erschwinglich für jedermann.
Vor 30 Jahren erwarb er dieses alte Schulhaus in Berkshire. Dazu befragt, was für ihn dieses Zuhause bedeutet, sagt er: „Das ist der Ort, an dem ich mich entspannt und zufrieden fühle. Hier habe ich Raum und Zeit, um nachzudenken. Die Nähe von Arbeit und Wohnen bewirkt, dass man niemals von einem ganz in Anspruch genommen wird, es gibt immer ein Gleichgewicht zwischen beidem. Für mich ist das der Schlüssel zu einem leichten und glücklichen Leben.“ www.conran.com

26. Februar

Alexander und Leander (27. Februar)
riechen Märzluft miteinander

....

....

....

....

....

Bald beginnen die ersten **Narzissen**, die *daffodils*, ihre Blüten zu öffnen. Aus den unzähligen Variationen dieses alljährlichen Freudebringers werden auch auf der jährlichen Londoner Chelsea Flower Show in den großen Hallen voller Pflanzen und Accessoires üppige Sträuße präsentiert. Was für eine Leistung, diese Frühjahrsblumen termingerecht Ende Mai auch noch erblühen zu lassen! England bietet landauf landab Veranstaltungen, im März beginnend, um die Narzissen zu feiern. Termine und die besten Anlagen, ganz abgesehen von allen Londoner Parks, findet man bei der 1898 gegründeten Daffodil Society. www.thedaffodilsociety.com

Sportsman
Pink Charm
Misty Glen
Trepolo
Sabine Hay
Pheasant's Eye
Fragrant Breeze
Mondragon
Avalon
Falconet
Wave
Tweety Bird
Price

27. Februar

Wenn's der Hornung gnädig macht,
bringt der Lenz den Frost bei Nacht

....

....

....

....

....

Jedes noch so kleine Fleckchen in der Stadt wird zum Bepflanzen genutzt. Und wem Blüten allein zu langweilig sind, der kann auch den gärtnernden Stoffbären noch dazusetzen. Die Halterung der ***flower box*** wirkt wie ein feiner weißer Holzzaun um das Traumgrundstück. Dahinter noch ein paar gemalte Blumentöpfe im fiktiven Fenster – und aus einer öden Mauer ist ein Stimmungs-Stimulator geworden, *isn't that easy, my dear?*

28. Februar

An Romanus und Lupizinius (21. März)
die Sonnen scheinen muss

....

....

....

....

....

Ist es draußen im Garten noch ungemütlich, können im Esszimmer **Schalen mit Blüten** Wunder wirken. Auch wenn es nicht so herrschaftlich und silbern zugehen muss wie hier auf der *dining table* von Chatsworth House. Die Geschichte von Haus und Garten begann 1555, als Elizabeth Hardwick und ihr Ehemann Sir William Cavendish sich hier niederließen. Damals war die Anlage noch vergleichsweise bescheiden, und in einem ummauerten Hof wurde Wild für die Küche gehalten; Fischweiher lagen zwischen Haus und dem Fluss Derwent – ein echter Nutzgarten. www.chatsworth.org

29. Februar

Am 30. Februar hat Petrus frei,
da ist ihm der Winter einerlei

@...

....

....

....

....@

An diesem Datum, das es nur alle vier Jahre gibt, sind skurril geschnittene Bäumchen hinter der klassischen Teakholz-Bank Sissinghurst ein fröhliches Motiv. In England sind diese ***topiaries*** äußerst beliebt. Nordwestlich von Manchester, vor der *Rufford Old Hall* in Lancashire, gibt es sie sogar als überdimensionales Eichhörnchen. Es heißt, hier sei 1585 auch William Shakespeare als Schauspieler aufgetreten. www.nationaltrust.org.uk/rufford-old-hall/
Gesichter aus geschnittenem Buchs beeindrucken in Kingston Lacy an der Kanalküste, nahe Bournemouth. www.nationaltrust.org.uk/kingston-lacy

1. März

Wenn es an Sankt Albin regnet,
gibt es weder Heu noch Stroh

....

....

....

....

....

Ein **Teich** ist nur schön, wenn man ihn auch aus der Nähe betrachten kann. Dann merkt man erst, dass auf einmal eine Kröte hineinhüpft, man beobachtet Wasserläufer auf der Oberfläche, und es ist auch praktischer, um hineingefallenen Äpfel oder Laub zu entfernen. In diesem Beispiel führen grafisch markant verlegte Trittsteine zu einer kleinen Plattform, die zum Sonnenbad einlädt. Eine abwechslungsreiche Bepflanzung bindet den kleinen Teich in den Garten ein, sodass er nicht als fremde Zutat empfunden wird. Diese überzeugende Inszenierung hat der Australier Philipp Johnson für den „Trailfinders Australian Garden“ auf der *Chelsea Flower Show* 2013 erdacht.

2. März

Märzgrün
ist bald wieder hin

....

....

....

....

....

März und April sind die Blühzeiten für ***Primula auricula***. William und Simon Lockyer aus dem südlichen London, genauer Purley/Croydon, nehmen seit Jahrzehnten an der *Chelsea Flower Show* teil und haben viele schlaflose Nächte vor der Veranstaltung, um ihre Primeln nur ja rechtzeitig, also verspätet durch Wasserentzug und Verschattung, Ende Mai erblühen zu lassen. Ihr Stand mit den wunderschönen Terrakottatöpfchen im viktorianischen Stil wird stets von Fans umlagert. 2012 war es endlich so weit, dass sie nach mehreren silbernen und bronzenen Medaillen endlich auch die goldene gewonnen haben für ihre Verdienste um die Aurikelzucht. Für besondere Anlässe liegen die *bowler hats* natürlich bereit.
W & S Lockyer, 39 Mitchley Avenue, Riddlesdown, Purley, CR8 1BZ. Besuch nach Vereinbarung per E-Mail: siloxy@btinernet.com oder Telefon: 0044 (0) 20 86 60 13 36.

W & S LOCKYER
Auricula Specialists
AURICULA
SEED
BORDERS £2
ALL OTHERS £3

3. März

Ist Kunigunde tränenschwer,
bleiben Scheuer und Fass oft leer

....

....

....

....

....

Es ist kein Geheimnis, dass weiße Blüten und weiße Birkenrinde Licht an dunkle Orte bringen. Beth Chatto, Expertin für „ungünstige" Standorte wie trockene oder **schattige Bereiche**, hat dies in ihren Büchern, Aufsätzen und Vorträgen immer wieder fachkundig und nachahmenswert propagiert. In diesem Beispiel von der Flower Show 2010 wird der Effekt durch die reizvolle Beleuchtung in Mond-Form noch verstärkt, die versetzt gepflanzten Birkenstämme gaukeln zusätzliche Tiefe vor. Ein Entwurf von Robert Myers für die Englische Krebs-Forschung, die sinnbildlich Hoffnungsschimmer ins aussichtslos scheinende Dunkel bringen möchte. www.willerby-landscapes.co.uk

4. März

Säst Du im März zu früh,
ist's oft vergeb'ne Müh'

Fachleute teilen die **Narzissen** in 13 Klassen ein, weltweit soll es gar 40 000 verschiedene Sorten geben, im Handel und in Katalogen sind immerhin 2000 zu bekommen. Am überzeugendsten wirken sie in größerer Zahl, wenn sie Rasenflächen im Frühling erobern. Zum Leidwesen mancher Rasenfanatiker muss dann mit dem Mähen bis zum Welken des Blattgrüns der Osterglocken gewartet werden. Aber eine etwas verlängerte Winterpause bei der Gartenarbeit erfreut andere wiederum. Blütenwogen erstrecken sich im März über die Hänge von Chatsworth House, in manchem Jahr auch noch im April. www.chatsworth.org www.thedaffodilsociety.com
Oder für die Nordirland-Daffodils-Fans: www.nidg.weebly.com

5. März

Lässt der März sich trocken an,
bringt er Brot für jedermann

....

....

....

....

....

Kleine Gärten – und wer kann sich in London oder unseren Städten noch größere leisten? – verlangen nach einer geschickten Raumorganisation. Berufstätige kommen oft nur am Abend oder Wochenende dazu, sich um den Garten zu kümmern oder auch, um ihn zu genießen. Fest eingebaute Sitzbänke, kombiniert mit einem begrünten Sichtschutz und einem robusten, pflegeleichten Bodenbelag, schaffen auf wenig Fläche einen immer paraten Erholungsraum. Der junge Designer Tony Woods, schon Goldmedaillen-Gewinner, kennt die Wünsche seiner Kunden und hat diesen Garten auf der *Tatton Park Flower Show* 2013 vorgestellt. Er berät seine neuen und oft ahnungslosen Gartenbesitzer auch, was wann auf dem kleinen Plätzchen Grün zu tun ist. www.gardenclublondon.co.uk

6. März

Nach dem Tag des Fridolein,
da muss der Pflug auf dem Felde sein

....

....

....

....

....

Eine Gartenlaube aus der Echten Mehlbeere *(Sorbus aria)*: Obstäume, Sträucher und Rankpflanzen lassen sich leicht in dekorative Formen lenken. Grundgerüst für dieses **Gazebo** ist ein Gerüst aus Stahl. An die acht Pfosten werden die jungen Mehlbeeren gepflanzt. Alle Seitenäste müssen im Laufe der Jahre abgeschnitten werden, bis sich ein 2 Meter langer Stamm gebildet hat. Die neuen Äste an der Spitze werden dann horizontal über dem Gestell zusammengebunden. Nach weiterer Wuchszeit wird die Baumkonstruktion in sich so stabil, dass das Metallgerüst entfernt werden kann. So etwas Praktisches und Dekoratives lernt man bei einem Besuch in den Schaugärten von Wisley, Surrey. www.rhs.org.uk/gardens/wisley

7. März

Fürchte nicht den Schnee im März,
darunter schlägt ein warmes Herz

....

....

....

....

....

Geranien und *Geranium*, also Storchschnabel, werden in dem alten Glashaus von David Wheeler und Simon Dorrell gehegt. In ihrem Landsitz und prächtigem Garten Bryan's Ground veröffentlichen die beiden seit Jahrzehnten die angesehene Gartenzeitschrift ***Hortus***, die sich an „Gartenbegeisterte und Lebensfrohe" in der englischsprachigen Welt richtet. Englands Gartenkoryphäen gehören zu den Autoren, die zu speziellen, sehr speziellen oder auch humorigen Themen rund um die Pflanzen, die Gärtner, die „Offenen Gartenpforten" oder auch die Entwurfsgeschichte sowie über Gartenliteratur schreiben. www.hortus.co.uk www.bryansground.co.uk
Ganz in der Nähe ist auch die Baumschule *Whimble Gardens* mit ihren Schaugärten und Bilderbuch-Ausblicken auf die Radnorshire Berge besuchenswert. www.whimblegardens.co.uk

8. März

Wenn's donnert um St. Cyprian,
zieht man noch oft die Handschuh' an

....

....

....

....

....

Noch bis Anfang März, am besten jedoch im November und Dezember, kann man **Rhabarber** pflanzen. Man setzt die Kronen nur knapp unter der Erdoberfläche. Da er ja recht ausladend werden kann, sollte man einen Meter Abstand zur nächsten Pflanze einhalten. Die pittoresken Tonglocken, die es mit oder ohne abnehmbaren Deckel gibt, stülpt man im November/Dezember über die Pflanzen, damit der Rhabarber im Dunkeln pinkfarben heranreift. So forciert, ist er 2 bis 3 Wochen früher reif zur Ernte. Jedoch sollte man erst im zweiten Jahr mit einer leichten Ernte beginnen, um die Kronen nicht zu schwächen. Besser zieht man die Stängel ab, wenn sie etwas 25 bis 30 Zentimeter erreicht haben, als dass man schneidet, um zu vermeiden, dass der Stumpf verrottet. Die Glocken stehen hier im ummauerten Küchengarten von *Badminton House*, etwa zwei Stunden westlich von London, nördlich von Bath. Und diese alte Bäderstadt sollte man auf jeden Fall gleich mit besuchen. www.badmintonestate.co.uk

9. März

Gibt's im März zu vielen Regen,
bringt die Ernte wenig Segen

....

....

....

....

....

Die Liebe zu eigenen Kräutern kann man auch auf der Küchenfensterbank hegen. Damit die selbst aus Samen gezogenen oder auch fertig gekauften Pflänzchen im Kunststopfcontainer nicht so hässlich aussehen, kann man sie mit leeren Samentütchen, Fotos aus Gartenzeitungen oder anderen bunten Papierfotos umwickeln. Ein Mitbringsel für sich selbst oder zur Imbisseinladung bei netten Leuten. So wird aus Grün bunt! Eine besondere Adresse für Kräuter höchster Qualität, von deren Besitzerin auch der Starkoch Jamie Oliver gelernt hat, ist Jekka McVicar. Sie ist auf allen wichtigen Gartenshows vertreten, hat über 25 Goldmedaillen der *Royal Horticultural Society* gewonnen und betreibt ihre Kräutergärtnerei *Jekka's Herb Farm* mit mehr als 650 Sorten nördlich von Bristol in Alveston. Wann sie fürs Publikum öffnet, erfährt man unter www.jekkasherbfarm.com

plant profil

10. März

Wie unser Wetter auf „40 Märtyrer" fällt,
es sich noch 40 Tage hält

....

....

....

....

....

Wasser im Garten – ein unerschöpfliches Thema im Wortsinn. So eine einfache Natursteinvogeltränke, hier für besonders hübsche Hühner, wird zur Bar und Badeanstalt für allerlei Vogelarten. In dieser Kleinheit kann Wasser in jedem Garten präsent sein. Selbst diese Tiere werden zur Verdeutlichung eines vorbildlichen Selbstversorgergartens auf der *Hampton Court Flower Show* ausgestellt. Entworfen haben ihn Jon Wheatley, Mary Payne und Terry Porter.
www.stonebarnlandscapes.co.uk
Wer mehr Erlebnis mit dem feuchten Element haben möchte, muss bis morgen warten.

11. März

Bringt Rosamunde Sturm und Wind,
so ist Sibylla (19. März) *uns gelind*

....

....

....

....

....

Ein **Bachlauf** ist gar nicht so schwer herzustellen, wenn ein wenig Gefälle im Garten besteht, auch kleine Kaskaden lassen sich einbauen, wie hier. Mittels Teichfolie, großen und kleinen Steinen und einer Umwälzpumpe, die am Ende des Bachlaufs in einem kleinen Wasserreservoir steht, wird das Wasser durch einen unterirdisch verlegten Schlauch oder ein Rohr wieder zur Anfangsquelle geführt, und schon kann es seinen Kreislauf beginnen. Für kleine Wassermengen kann man Solarpumpen einsetzen, dann muss man nicht einmal Stromkabel im Garten vergraben. Und wer das Wasser weniger natürlich, sondern eher als formale Spiegelfläche erleben möchte, bekommt morgen Anregungen. Dieses Foto entstand wieder auf einer Flower Show im Jahr 2004 und möchte auf den gewissenhaften Umgang mit dem Element Wasser hinweisen.
www.shootgardening.co.uk/article/the-hesco-garden-by-leeds-city-council

12. März

Gregor zeigt dem Bauern an,
dass im Feld er säen kann

Jack Duckley, 21, von der Birchfield Baumschule und Gartendesign hat diesen formalen Garten entworfen. Das T-förmige hellblaue **Wasserbecken**, durch eine Brücke aus Teak überwunden, Säulenstümpfe, die an Antikes erinnern sollen, und Hainbuchen in streng geschnittenen Plattenformen, die Schatten werfen und dennoch kaum Raum brauchen, sind die Elemente, die diesen geometrischen Garten unter dem Motto *The Italian Job* vereinen. Beete im pinken, violetten, dunkelgrünen Spektrum umranden die Anlage. So präsentiert auf der *Hampton Court Flower Show* im Süden Londons 2012.
www.birchfieldnursery.com

13. März

Nach dem Tag des Gregorei,
legt auch die wilde Ent' ihr Ei

....

....

....

....

....

Gravetye Manor ist eine spannende Adresse für englische Gartenkultur. Hier hat William Robinson seine epochalen Bücher über „The English Flower Garden" und „The Wild Garden" geschrieben, nachdem er in aller Welt Erfahrungen im Umgang mit Pflanzen gesammelt hat. 1884 begann er in *Gravetye Manor* damit, den naturnahen und in die Landschaft integrierten Garten anzulegen. Das Landhaus ist heute ein angenehmes Hotel und Ausgangspunkt für viele Entdeckungsfahrten berühmter Gartenanlagen in der Nähe wie Wakehurst Place, Sheffield Park, Sissinghurst Castle, Great Dixter und andere mehr. Gravetye Manors Garten wird heute von Tom Coward geleitet, der auch einen lesenswerten Gartenblog unterhält: www.gravetyemanor.wordpress.com
Seine Arbeit legt Wert darauf, dass die Gedanken und Gestaltungen Robinsons in der Gartenanlage erkennbar bleiben, aber auch Raum für aktuelle Interpretationen geschaffen wird. Der imposante Wein, der den Eingang und die Fassade auf dem Foto noch umhüllte, musste inzwischen leider abgenommen werden.
www.gravetyemanor.co.uk.

14. März

Wie's im März regnet,
wird's auch im Juni regnen

Ein **Frühbeetkasten** ist eine wunderbare Sache und auch aus alten Fenstern leicht selbst zu bauen. Schnecken haben es schon deutlich schwerer, um an die jungen Salatpflanzen zu kommen – wenn man gründlich aufpasst und die Viecher beim Reinsteigen während des Lüftens abpasst. Manchmal gelangen auch Schneckeneier aus dem eingebrachten Kompost in das Beet, dann hilft nur noch Schneckenkorn, sonst ist über Nacht alles frische Grün weggeputzt. Wenn man den Sockel höher mauert – man kann ihn auch aus stärkeren Holzdielen bauen –, ist es für den Rücken bei der Gemüse- und Kräuterpflege noch angenehmer. Dieses perfekte Beispiel wurde auf der *Chelsea Flower Show* 2012 gezeigt.

15. März

Lukretia feucht,
Kornsäcke leicht

....

....

....

....

....

In den Jahren 1504 bis 1508 begannen die Gutsleute mit dem Bau von ***Little Morton Hall*** in der Nähe von Congleton, Cheshire. Mit ihrem stattlichen, einmaligen Gebäude, das heute teils furchterregende windschiefe Partien aufweist, wollten die Besitzer ihren Wohlstand dokumentieren. Der Garten mit seinen geometrischen Beeten – die Engländer sprechen von einem *Knot Garden*, obwohl sich die Hecken nicht wirklich zu Knoten formen – passt wunderbar zum markanten Fachwerkmuster der Fassade. Das Jahr über finden Tudor-Feste statt, die das Haus und den Garten eindrucksvoll 500 Jahre älter wirken lassen. Im Tearoom gibt's Gebäck nach klassischen Rezepten, eine Ausstellung dokumentiert die Bauweise des Hauses, und im Garten wird in Kostümen der Zeit nach Musik auf Originalinstrumenten getanzt. www.nationaltrust.org.uk/little-moreton-hall

16. März

Schnee, der erst im Märzen weht,
abends kommt und gleich vergeht

....

....

....

....

....

Mit gebrauchtem Pflastermaterial und **historischen Gartenaccessoires** wie dieser löwenfüßigen Bank, die schon dekorative Bemoosung angesetzt hat, wird aus jedem Garten ein Zeit vergessener Ort der Ruhe. Solche Blickfänge sind wichtig, um auch in kleinen Gärten dem Rundgang ein Ziel zu geben. Manche überaktiven Gärtner, die immer nur sehen, was noch gerade schnell gezupft, geschnitten oder gekehrt werden müsste, kann man so zu ein paar Minuten Nichtstun verführen. Diese Szene findet sich im großen Garten von *Barnsley House,* mitten in den Cotswolds, neunzig Autominuten westlich von London www.barnsleyhouse.com.
Diesmal ein Tipp nicht aus England, sondern einer aus dem Süden Frankreichs, weil er einzig in Europa ist. Unzählige Antiquitätenhändler durchziehen den Ort L'Isle-sur-la-Sorge, östlich von Avignon und bieten alles an, was im Garten dekorativ ist, bis hin zu ganzen Brunnenanlagen oder Toreinfahrten. Jeden Sonntag ist darüber hinaus hier Trödelmarkt.
www.coquelicot.com/sudfrankreich-provence-trodelmarkte-p-349.html

17. März

Gertraude nützt dem Gärtner fein,
wenn sie kommt mit Sonnenschein

....

....

....

....

....

Gärten wandeln sich im Laufe der Zeit, vor allem, wenn sie, wie in England, über so lange Jahrzehnte, Jahrhunderte bestehen. ***Parham House*** in Sussex, südwestlich von London, die nächste Bahnstation ist Pulborough, geht auf das Jahr 1577 zurück. Der Gartenpark und das Haus sind ab April zu besichtigen, im Innern ist vor allem die *Long Gallery* sehenswert, die drittlängste Englands. Sie ist im Stile eines Weinspaliers ausgemalt, eine anmutige Dekoration aus dem 1960er Jahren. Draußen gibt es unter anderem einen großen ummauerten Garten, der früher zur Selbstversorgung mit Gemüse, Obst sowie natürlich Blumen bepflanzt war und heute im Sommer durch Lavendelduft betört. Schier unendlich lange Reihen von *Lavandula angustifolia* durchziehen ihn. Die imposanten Eibenkegel haben hier die Zeit nicht überstanden. www.parhaminsussex.co.uk

18. März

Wenn im März viel Winde weh'n,
wird's im Mai dann warm und schön

England hat nicht nur eine glorreiche Gartenhistorie, sondern setzt auch bei den aktuellen Gestaltungen die Trends. Schon mehrfach war in diesem Kalenderbuch von den internationalen Shows die Rede, die die ***Royal Horticultural Society*** (RHS) veranstaltet. Wer hier Mitglied wird – das geht von Deutschland auch ganz leicht online: www.rhs.org.uk –, bekommt bevorzugte Möglichkeiten, überhaupt Tickets zu den überlaufenen Shows, allen voran die Chelsea Flower Show, zu regulären Preisen zu bestellen. Darüber hinaus erhält man monatlich die fachkundige wie inspirierende Gartenzeitschrift *The Garden*. Am besten für ein Jahr testen, wenn man einen Besuch der Gartenshows plant. Hier trifft sich die private wie professionelle Gartenelite der Welt, und was dort gezeigt wird, findet sich bald in den Illustrierten und Büchern international wieder – und findet Eingang in die kleinsten Gärten. Hier ein anmutiger wie winzig kleiner, pflegeleichter Sitzplatz von der *Chelsea Flower Show* 2010, ein Entwurf der Designerin Kate Gould.

19. März

Ist es klar am Josephstag,
spart er uns viel Müh' und Plag'

....

....

....

....

....

Im Küchengarten von Barnsley House kommen die alten Pflanzglocken und Minigewächshäuser zum Einsatz. Was hier genutzt wird, um die Hotelküche mit eigenem Gemüse zu versorgen, kann man im Kleinen auf dem Balkon auch tun. Seit Neuestem werden in diesen kleinen Gewächshäusern, Glasamphoren und anderen Behältern auch originelle Gartensituationen mit Miniliegestuhl und Minifelsen nachgebaut, um im Wohnraum als **Indoorgarten**-Dekoration zu wirken. Der Traum vom eigenen Garten auf dem Couchtisch! Die Londonerin Isabelle Palmer hat diese Idee publik gemacht. www.thebalconygardener.com/

20. März

Wie das Wetter um den Frühlingsanfang,
so hält es sich meist den Sommer lang

....

....

....

....

....

Schaugärten wie dieser von der Chelsea Flower Show 2009 führen nicht nur gelungene Gestaltungen vor, sondern folgen oft auch besonderen inhaltlichen Aspekten. Hier hat Thomas Hoblyn **bedrohte Pflanzen** aus Feuchtgebieten Großbritanniens und Nord-Carolinas versammelt und sie mit bewährten Sumpf- und Wasserpflanzen kombiniert. Das Holz des eindrucksvoll roten Decks stammt von einem im Sturm umgefallenen Mammutbaum. Selbstverständlich, dass dieser Garten nach der Show nicht etwa entsorgt wird, sondern eine neue Heimat in einem Privatgarten in Suffolk finden wird. Ausgeführt hat diesen schwungvollen ökologischen Entwurf *The Outdoor Room* eine kreative Gartenbaufirma aus Cowfold/West Sussex, die schon allerlei Preise gesammelt hat. www.theoutdoorroom.co.uk

21. März

Nach des Benedikten Tag,
man Erbsen und Zwiebeln legen mag

....

....

....

....

....

Millionen von **Hasenglöckchen** *(Hyacinthoides non-scripta)* ziehen sich über die Wiesenflächen unter den frühlingsfrischen Kronen des Arboretums in Chatsworth dahin. Sie kommen in Derbyshire häufig vor. Ihr violettes Blau passt wunderbar zum Gelbgrün der knospenden Bäume. Die Anlage dieser Baumsammlung geht auf das Jahr 1829 zurück, als der Park um mehr als drei Hektar erweitert wurde. Neben alten Eichen, einer Douglasie, die in Stürmen öfter ihre Spitze einbüßte, Schlangenhautkiefern, Siskyou-Fichten und Gelb-Kiefern kommen auch Feuer-Scheinzypressen vor. Der Duft der Bluebells zieht in England Scharen von Besuchern in die Parks und botanischen Gärten. www.chatsworth.org. www.kew.org/

22. März

Märzenstaub und Märzenwind
guten Sommers Vorboten sind

....

....

....

....

....

Der Garten von **Chenies Manor** öffnet wieder ab dem 1. April und bietet dann mit seinen Buchsbaum- und Eibenwesen ein grünes Spektakel. Tulpen bringen Farbe, nachdem die Narzissen verblüht sind. Die Bedrohung der Bienenvölker wird hier ernst genommen, und zu verschiedenen Terminen im Jahr finden „Bienen-Morgen-Kaffeeinladungen" statt. Mit Vorträgen, Meinungsaustausch, Vorführungen und Spendenaktionen will man gegen das Bienensterben helfen. *„No bees, no food"* heißt der wirkungsvolle wie alarmierende Slogan.
www.cheniesmanorhouse.co.uk/bee_project

23. März

Von wilden Blümlein die roten
und Spechte sind Frühlingsboten

Dahlienknollen müssen luftig und trocken den Winter über eingelagert werden, hier auf Gestellen in einem abgedunkelten Glashaus. Erst seit 200 Jahren gibt es sie in Europa. Aus Mexiko sind sie in den botanischen Garten von Madrid gekommen; ihren Namen haben sie zu Ehren des schwedischen Botanikers **Andreas Dahl** (1751–1789) erhalten. Natürlich gibt es für diese in all ihren Farben und Formen beeindruckenden Blüten eine eigene Gesellschaft in England, die Rat bietet und Ausstellungen mit effektvollen Blumenständen ausschmückt.
www.dahlia-nds.co.uk

24. März

Im Frühjahr Spinnweben auf dem Feld
zeigen einen schwülen Sommer

....

....

....

....

....

Hatten wir im gestrigen Foto die unattraktiven Dahlienknollen vor Augen, so sei hier eine wunderschöne im Sonnenlicht leuchtende Dahlie aus Derbyshire vorgestellt. Im April beginnt die Pflanzzeit, um sie dann im Spätsommer genießen zu können. Auch hier gilt wieder, dass sie in größerer Stückzahl zu Tuffs zusammengepflanzt schöner wirken als vereinzelt. Farben sollten behutsam aufeinander abgestimmt sein. So passen zu 'Hamari Girl' (im Bild) etwa 'Betty Bowen', 'Roberta' und 'Tea Time' ebenfalls im rosa-pinken Spektrum. In Staffordshire überrascht der vielfältige Biddulph Grange Garden südlich von Manchester mit einem **Dahlienpfad** aus über 600 Sorten! www.nationaltrust.org.uk/biddulph-grange-garden

25. März

Ist Mariä schön und hell,
kommt viel Obst auf alle Fäll'

....

....

....

....

....

Dieser Garten erweckt durch wenige Elemente sein eindeutig englisches Flair: die unverputzte Ziegelmauer, die ihn umgibt und vor störenden Winden schützt, eine weiß lackierte Bank in klassischer Form, Buchsbeete akzentuiert durch Pyramiden. Ein geschlossenes **Gartenzimmer**, das innerhalb der Karrees zwar auch ein paar Stauden und Rosen zulässt, insgesamt aber von der Formalität der Anlage lebt. Mit seinem Wegenetz lädt er bei aller Kleinheit auch zum Bummeln und genaueren Betrachten ein.

26. März

Hat's nach der Mariennacht gefroren,
werden noch 40 Fröste geboren

Zwischen Birmingham und Liverpool liegt der grandiose **Wollerton Old Hall Garden**. Zur Zeit der Kirschblüte bietet er mit seinen Wasserflächen hübsche Spiegeleffekte. Lesley und John Jenkins haben ihn seit 1984 angelegt und in viele einzelne Gartenräume unterteilt. So bieten sich immer wieder neue Eindrücke und Szenen. Roy Strong, der bekannte Gartenexperte, nennt als Kriterium für gute Gärten, ob man nach dem Besuch eines solchen daheim etwas ändern möchte – und, so meint er, nachdem man *Wollerton Garden* gesehen habe, würde man sofort zuhause den Spaten in die Hand nehmen! Der Garten ist freitags von Ostern bis September geöffnet, zusätzlich an Sonntagen von Ostern bis August. Nicht zu vergessen sei das Tea House mit Selbstgebackenem!
www.wollertonoldhallgarden.com

27. März

*Wenn der März zum April wird,
wird der April zum März*

Selbst aus der kleinsten Baumscheibe im Pflaster kann ein hübsches Beet entstehen, die Engländer machen's mal wieder vor. Und schöner als so mancher trockener Türkranz ist dies allemal. Wenn man pflanzenverliebt ist, lässt sich überall ein Fleckchen finden, um neue **Kombinationen** auszuprobieren. Ein Anblick, der einen sofort freudig stimmt, wenn man aufs Haus zugeht. Cleve West hat die gepflasterten Flächen seines Schaugartens für die *Chelsea Flower Show* 2012 hiermit aufgelockert. www.clevewest.com

28. März

Der März soll wie ein Wolf kommen
und wie ein Lamm gehen

Die **Sibirischen Schwertlilien** füllen den weitläufigen Garten von Bryan's Ground unmittelbar am Haus. Das Blau schwirrt vor Augen, gegliedert durch die quadratischen Beete. Ein einmaliges Erlebnis hier durchzuspazieren. Wen wundert es, dass die Presse über diesen gut 20 Jahre alten Garten immer wieder berichtet, die Pflanzenkenntnis David Wheelers und Simon Dorrells und gleichzeitig die humorvolle Art der Gestaltung bejubelt. *„Bryan's Ground is a plant-filled, beautifully executed garden, made with liberal doses of humour as well as plantsmanship" (BBC Gardeners' World Garden Lovers' Guide to Britain)*. Wer den Garten erleben möchte, muss seinen Besuch Sonntag- oder Montagnachmittag einplanen, von April bis August. www.bryansground.co.uk

29. März

Wie der 29. März,
so der Frühling

....

....

....

....

....

Es sieht ganz unkompliziert aus, die **jungen Kräuter**, hier Feld-Thymian *(Thymus pulegioides)*, in ihre Anzuchtschalen zu versetzen, doch leicht verletzt man die zarten Gewächse und ihre noch kleinen Wurzeln. Ein Pflanzstab hilft dabei. Die Profis von Jekka McVicar's Herb Farm verstehen ihr Handwerk. In mehreren Kursen im Jahr vermitteln sie absoluten Laien oder auch fortgeschrittenen Gärtnern ihr Wissen um Anzucht, Pflege und Verwendung aller möglichen Kräuter. Und natürlich gibt es auch viel Leckeres zu probieren. Ein Rundumvergnügen, ein paar Meilen nördlich von Bristol. www.jekkasherbfarm.com

30. März

Wie der 30. März,
so der Sommer

....

....

....

....

....

Eine **Gartenidylle**, wie sie sich viele wünschen, und dann noch so nah, dass man sie mit dem Fahrrad erreichen kann! Auf ein abgestimmtes Farbkonzept wird in diesem Freizeitgarten kein großer Wert gelegt, schön bunt und abwechslungsreich, Hauptsache es blüht, heißt hier das Motto. Wenn dann noch ein paar Beeren reifen, die man sich schmecken lassen kann, wird ein kleiner Ausflug zum vollwertigen Urlaubserlebnis. Stephen Hall und Jane Besser haben diesen Garten aus recyceltem Material und mit heimischen Pflanzen ausgestattet und ihn so auf der *Chelsea Flower Show* 2009 präsentiert. Er sollte ein Aufruf zum naturnahen und kostengünstigen Gärtnern sein – doch er gewann eine Goldmedaille! www.gileslandscapes.co.uk

fenBiKe

31. März

*Wie der 31. März,
so der Herbst*

Bei uns dauert es in vielen Gegenden meist noch einige Wochen, bis endlich wieder die Tulpen blühen und die Bäume ihr neues Blattkleid weben. England ist da oft drei Wochen früher an der Reihe. Der Garten von *Chenies Manor* ist bekannt für seine 7000-Tulpen-Blütenpracht wie auch im späteren Sommer wieder für seine Dahlien. Elizabeth MacLeod Matthews hat in den letzten 25 Jahren ein raffiniertes Farbkonzept erarbeitet, wofür sie 2009 mit dem **Christie's Garden of the Year Award** ausgezeichnet worden ist. www.cheniesmanorhouse.co.uk

1. April

Den 1. April musst Du gut überstehn,
dann kann Dir nichts Böses mehr geschehn

....

....

....

....

....

Wie eine Patchworkdecke ist dieser Garten von Port Lympne/Kent gestaltet, natürlich eher eine Augenfreude als ein Garten zum Durchwandeln. Der Landsitz aus den 20er Jahren des vorigen Jahrhunderts ist von dem Architekten Sir Herbert Baker errichtet worden, der auch für die Stadtanlage von Neu Delhi verantwortlich zeichnete. Die Gartenanlagen wurden ab 1973 für den neuen Besitzer John Aspinall von dem bekannten Gartendesigner **Russel Page** umgestaltet und grenzen an das weitläufige Wildgehege an, was einen Besuch noch reizvoller macht. Auch die Lage nahe der Kanalküste bei Hythe verlockt zu einem Ausflug.
www.gardenvisit.com/garden/port_lympne_gardens

2. April

Bringt die Rosamunde viel Wind,
so ist der April am Ende gelind

....

....

....

....

....

Das Rezept ist einfach: Man nehme einen **Blumenkasten,** pflanze zwei Immergrüne – gerne Buchs – hinein und wechsle die Blütenpflanzen je nach Saison. Automatisch bewässert ist das Gartenerlebnis vom Sessel aus und für Passanten ein bleibendes Vergnügen. Blumenschmuck in einer eher tristen Umgebung wirkt Wunder, das weiß auch das Eventunternehmen *The Brewery* in London, das all seine Fenster so floral in Szene gesetzt hat. www.thebrewery.co.uk

3. April

Wer an Christian sät Lein,
bringt schönen Flachs in sein' Schrein

Am 2. Januar waren wir schon mal in *Chatsworth House* und haben die verschneiten Beeteinfassungen präsentiert. Jetzt füllen Papageientulpen und Vergissmeinnicht den vorderen Teil des Cottage-Gartens, der sich über zwei Ebenen erstreckt. Buchsbaum als frischgrüne Einfassung, als pyramidale Effekte und im Zentrum des runden Beets als runde Säule. Dieser Gartenabschnitt macht nur einen kleinen Teil der über 50 verschiedenen Attraktionen im Park aus. Da ist es nicht verwunderlich, dass The **Duchess of Devonshire** ein ausführliches, großformatiges Buch über die Geschichte, das Haus und den Park geschrieben hat, fotografiert von Gary Rogers.
www.chatsworth.org

4. April

War's an Ambrosius schön und rein,
wird's an Florian (4. Mai) *umso wilder sein*

Die große Gartenanlage von **Wisley,** Surrey, bietet zwar zu allen Jahreszeiten Attraktionen, der Rosengarten ist allerdings im April noch recht transparent. Widmen wir uns mal genauer dem Anfahrtsweg. Für Freunde öffentlicher Verkehrsmittel bieten sich vielfältige Eindrücke: Erst ab Londons Waterloo Station mit dem Zug nach Kingston (es gilt die Oyster Card auch hier), dann mit dem Bus nochmal etwa 45 Minuten. Bitten Sie den Fahrer um Bescheid, wann man aussteigen muss. Führt die Strecke auch durch malerische Gartenvororte, wird man für Wisley Garden mitten an einem Motorway herausgelassen und muss diesen über eine Hochbrücke überwinden, ein kurzer Weg durch den Wald, und man kommt auf dem riesigen Parkplatz an. Mehr am 9. April. www.rhs.org.uk/gardens/wisley

5. April

Wenn Sankt Vinzenz tritt in die Hall',
so bringt er uns die Nachtigall

Beim abendlichen Blick auf *Chatsworth House* wird zweierlei deutlich: **Beleuchtung** im Garten oder Park können die Freude am Garten über Stunden verlängern, und die vielen Blüten in der Narzissenwiese hellen einen dunklen Gartenraum noch einmal auf. Spiegelnde Wasserflächen verdoppeln das Ereignis. Diese Effekte lassen sich leicht auch im kleinen Privatgarten umsetzen. Solar-Strahler gibt es mittlerweile auch in guter Leuchten-Qualität, dann entfällt das aufwendige Verlegen einer Stromleitung, und je nach Pflanzhöhepunkt können die Strahler im Gartenjahreslauf wandern, um jeweils das Schönste am Abend ins rechte Licht zu rücken.

6. April

Wenn der April Spektakel macht,
gibt's Korn und Heu in voller Pracht

@...

....

....

....

....@

Solange **Tulpen** genügend Wasser haben, sind sie wunderbare Pflanzen für Vasen oder wie in diesem Fall – für alte Gießkannen. Man sollte sie – wie alle Zwiebelblumen – jedoch nicht zu tief in Wasser stellen, dann schießen sie nicht so rasch ins Kraut. Die eindrucksvolle Sammlung (sehenswert unter anderen 'Mona Lisa' in Gelb-Rot) hat Elizabeth MacLeod Matthews aus ihren Beeten in Chenies Manor geschnitten, siehe auch 31. März.

www.cheniesmanorhouse.co.uk

7. April

Je eher im April der Schlehdorn blüht,
je eher der Bauer zur Ernte zieht

....

....

....

....

....

Das **Setzen von Zweigen** neben die frische Saat hat doppelten Nutzen, zum einen können Erbsen zum Beispiel daran ranken und zum anderen halten die Äste, je verzweigter sie sind, umso besser Vögel ab. So wird es etwa in Eythrope/Aylesbury, dem traumhaften, ummauerten Gemüsegarten der Rothschilds gehandhabt. Lady Mary Keen hat dies jüngst in einem luxuriös ausgestatteten Bildband beschrieben.
http://list.english-heritage.org.uk/resultsingle.aspx?uid=1001397
Unser Foto zeigt jedoch die Arbeit im Gemüsegarten von Chatsworth, wo die Zweige erst nach dem Aufgehen gesetzt werden. www.chatsworth.org

8. April

Ist's um Amandus schön,
wird der Sommer keine Dürre sehn

....

....

....

....

....

Die über 100 individuell geschnittenen Figuren aus Buchs, gewöhnlicher Eibe und Goldeibe machen Levens Hall/Lake District zum wohl eindrucksvollsten – und laut *Guinness-Buch der Rekorde* – **ältesten Topiary-Garten der Welt**. Viele der Büsche und Bäume sind mehrere Hundert Jahre alt. Wurden viele Gärten der jeweiligen Mode entsprechend umgestaltet, so konnte dieser in großen Teilen unverändert beeindrucken. Anfang April öffnet der Garten wieder, gerade recht zur angenehm zurückhaltenden weißen Tulpenblüte. Neben Haus und Garten sind ganzjährig lohnende Veranstaltungen geplant, zum Beispiel auch ein Oldtimertreffen des *Lakeland Historic Car Clubs*. www.levenshall.co.uk

9. April

Hört Waltraud nicht den Kuckuck schrein,
dann muss er wohl erfroren sein

....

....

....

....

....

Die Kamelienblüte in Wisley ist eindrucksvoll, wenn der Garten sonst noch kahl ist. Die Hügel färben sich schon im Winter rot, rosa, pink und weiß. Abgebildet ist die großblütige, späte *Camellia* 'Harold L. Paige'. 1969 wurde sie in Oakland, Kalifornien, gezüchtet. Carl von Linné hat die blühenden Büsche nach dem Jesuitenpater **Georg Joseph Kamel** benannt, der in Manila gearbeitet hat. Ostasien ist die Heimat dieses Teestrauchgewächses. Die ersten nachgewiesenen Kamelien in Europa wurden 1739 in den Gewächshäusern von Robert James, Lord Petre in Thorndon Hall in Essex gezeigt.

www.rhs.org.uk/gardens/wisley

10. April

An Ezechiel, dem 100. Tag nach Neujahr,
da säe Leinsamen, dann gedeiht er wunderbar

....

....

....

....

....

Der Blick vom Turm von Sissinghurst Castle macht die Aufteilung der unterschiedlichen Gartenzimmer deutlich. Man betrachte hierzu auch das Foto vom weißen Garten am 1. Januar. Die Schriftstellerin und Hausherrin **Vita Sackville-West** beschrieb ihn einmal so: „Der kräftige goldene Sonnenschein überzog das Mauerwerk des alten Turms mit einer Art Patina und ließ ihn lange Schatten über das Gras werfen wie der Finger einer übergroßen Sonnenuhr. Alles war still, nur das Gurren der weißen Tauben war zu hören.“ Sissinghurst beherbergt auch eine umfangreiche und individuell von Vita Sackville-West ausgestaltete Bibliothek; 11 000 Bände mit zum Teil persönlichen Notizen und Anmerkungen der Schriftstellerin stehen bereit.

www.nationaltrust.org.uk/sissinghurst-castle

11. April

Aprilschnee
bringt Gras und Klee

....

....

....

....

....

Ein **überranktes Gitter** trennt einzelne Gartenteile ohne sie vollständig abzuschließen. So erahnen wir dahinter schon den Senkgarten von *Chenies Manor* in Buckinghamshire. Das Beet mit den hellrosa Tulpen davor bereitet auf die Farbfülle vor, die den Besucher beim weiteren Spazieren erwartet. Viel zu unvermittelt wäre die Gartensituation ohne diese Einfassung. Man sollte jedoch nicht nur nach unten auf den Gartenboden schauen, sondern auch die 22 kunstvollen individuellen Tudor-Kamine auf dem Dach des Landsitzes beachten.
www.cheniesmanorhouse.co.uk

12. April

April windig und trocken
macht alles Wachstum stocken

....

....

....

....

....

Vogelscheuchen sind ziemlich aus der Mode gekommen, vielleicht weil sich die Vögel von ihnen eher angezogen als erschreckt fühlen? In einem ländlichen Gemüsegarten machen sie jedem Betrachter Freude. Auf den Flower-Shows in England finden Wettbewerbe statt, bei denen besonders abschreckende oder originelle Exemplare prämiert werden. Oft haben Kinder sie gebastelt.
www.blog.interflora.co.uk/children-gardening-hampton-palace-court-show

Reception
Wrington Primary
School

13. April

So wie Martin es will,
so zeigt sich dann der ganze April

Das **Mammutblatt** *(Gunnera manicata)* schießt im April aus seinem Gehäuse hervor. Da die wohl in Brasilien beheimatete Pflanze selbst im milden Winter Englands geschützt werden muss, bauen die Gärtner von Wisley ihnen Tipis aus den großen Herbstblättern der Pflanzen. Kein Wunder, dass sie urzeitlich wirken, denn schon vor 95 Millionen Jahren haben sie in Tümpeln gemeinsam mit Dinosauriern auf den Frühling gewartet. www.rhs.org.uk/gardens/wisley

14. April

Tiburtius ist des Bauern Freund,
doch nur, wenn auch der Kuckuck schreit

Im April ist **Primelsaison,** und wenn dann noch die Sonne scheint, strömen die Londoner während der Mittagspause in Parks und auf noch so kleine Grünflächen. Hier im inzwischen angesagten Stadtteil Islington, unweit der U-Bahn-Haltestelle Angel, wurde 2007 das Denkmal des Künstlers John Maine errichtet. 1918 gedachte ein kleiner Obelisk bereits an dieser Stelle der Kriegsopfer: „*Land – Sea – Air – Home*". Tausende rote Blüten erinnern an ungezählte Schicksale.

Open every day

15. April

Nach dem Tiburtiustag
alles, alles grünen mag

Ein zeitlos klassischer Entwurf von einem sich zum Garten hin öffnenden Wohnhaus mit einem großzügig dimensionierten Gewächshaus. Davor der abgesenkte Sitzplatz, eine gepflegte Rasenfläche und eine üppige Rosen- und Staudenrabatte. Durch die **Begrenzung auf wenige Elemente** wurde trotz geringer Grundstücksgröße ein weitläufiger Eindruck geschaffen. Soweit die oberflächliche Betrachtung. Darüber hinaus ist dies die getreue Nachbildung des Pariser Gartens der Physikerin und Chemikerin Marie Curie. Zum 100. Gedenktag ihrer Entdeckung des Radiums – das Gewächshaus war ihr Labor – wurde er 2002 auf der *Chelsea Flower Show* nachgebaut. Patrick McCann gewann dafür eine Silbermedaille.

16. April

Regnet's stark zu Albinus,
macht's den Bauern viel Verdruss

Seine Königliche Hoheit der Prinz von Wales hat in seinem bekannten Garten **Highgrove** das Ästhetische mit den Vorzügen des biologischen Gärtnerns vereint. Hierauf spielt in deutlich verkleinertem Maßstab dieser Entwurf von Michael Miller an, der auf der *Chelsea Flower Show* schon im Jahre 1998 aufgebaut wurde. Die typischen Elemente des runden Gemüsegartens, in dem der Fruchtwechsel berücksichtigt wird, ein zentraler Brunnen, um den sowohl zierende Rosen als auch Kräuter und seltene Gemüsesorten wachsen und sogar eine kleine Wildblumenwiese zitieren hier die Aktivitäten von Prinz Charles.

www.highgrovegardens.com www.clifton.co.uk/about-us/history

17. April

Blüht die Esche vor der Eiche,
gibt es eine große Bleiche
(trockener Sommer)

Der ummauerte Gemüsegarten von *Badminton House* im zeitigen Frühjahr. Die Mauer bietet Schutz vor Winden und ungebetenen Gästen, seien es Tiere oder Menschen. Mit dem wieder entfachten Interesse am **Selbstversorgergarten** werden auch zunehmend alte Gemüsegärten wieder neu belebt. In *Badminton House*, unweit von Bristol, können auch größere Gesellschaften exzellent verköstigt werden, da braucht es schon größere Mengen an Salat. Schön sind auch im Hintergrund die noch kahlen Wigwams aus Haselästen für die Bohnen zu erkennen. Gärtnern in Vollendung! www.badmintonestate.co.uk

18. April

Blüht die Eiche vor der Esche,
gibt es eine große Wäsche
(verregneter Sommer)

....

....

....

....

....

Wir sind wie am Vortag noch in *Badminton House* im Herzen Gloucestershires, diesmal aber im repräsentativen Teil der weitläufigen Gartenanlage. Frisch Vermählte, die hier im Landhaus aus dem 17. Jahrhundert oder im Park ihre Hochzeit feiern, lassen sich besonders gern vor der Fontäne des Wasserbeckens fotografieren: Sprudelt wie Champagner! www.badmintonestate.co.uk

19. April

Der April
macht was er will

Ein grafisches Vergnügen aus geschnittenen Buchsbäumen und verschiedenen Tulpen, wobei die weißen über allen leuchten. Streng formal und dennoch liebreizend. Solch überzeugende Ideen, aufgenommen im Senkgarten von *Chenies Manor*, lassen sich auch gut auf kleine Gärten übertragen, wie dieser Bildausschnitt beweist. Es bietet sich an, in diesen eng begrenzten Beeten mit **Zwiebelblumen** nach deren Blüte im April/Mai mit einjährigen Sommerblühern die Saison fortzusetzen. www.cheniesmanorhouse.co.uk

20. April

Viel Nebel im Frühjahr,
viel Gewitter im Sommer

....

....

....

....

....

Der **Amerikanische Stinktierkohl,** Riesenaronstab oder Stinkender Willi – so die deutschen Namen für *Lysychiton americanus* – ist hierzulande noch wenig bekannt. In der Pflanzensammlung von Wisley Gardens wirken seine gelben Blüten und Fruchtstände sehr dekorativ. Ihr übler Geruch lockt Insekten an. In England, Irland und Schweden ist der Neophyt schon häufiger anzutreffen. Die recht langsam wachsende Pflanze kann bis zu 80 Jahre alt werden und hat in ihrer Heimat Nordamerika große Flächen besiedelt. www.rhs.org.uk/gardens/wisley

21. April

Wenn es der Teufel will,
kommt der Frost noch im April

@..

....

....

....

....@

Happy Birthday, Queen Elizabeth! Die Londoner Parks mit ihren Liegestühlen laden ein zur Mittagspause, zum Sonntagsspaziergang oder zum Picknick. Wer das zum ersten Mal sieht, ist überrascht, wie relaxed man sich hier im Büroanzug oder Business-Kostüm erholt, schon lange bevor in unseren Städten die Flussstrände angelegt wurden. Unser Foto zeigt anlässlich einer Parade den Union Jack aus Begonien und Co. Blaublühende Vergissmeinnicht wären vielleicht noch passender gewesen …

www.visitlondon.com/de/sehen-und-erleben/ausenbereich/die-besten-parks-in-london

22. April

Gewitter vorm Georgiustag (23. April), *folgt gewiss noch Kälte nach*

@...

....

....

....

....@

Sir Roy Strong hat *The Laskett Gardens* angelegt und frisch-orange Tulpen zwischen die formalen Buchsornamente gestreut. Als Kunsthistoriker verstand er es, aus Pflanzen grafische Bilderszenen zu komponieren und dadurch Gärten in eigene kleine Welten zu verwandeln. Siehe auch 13. Februar. www.thelaskettgardens.co.uk

23. April

Ist's an Georgi hell und warm,
gibt's noch ein Wetter, dass Gott erbarm

@..

....

....

....

....@

Der **Wandelgang** unter *Liburnum*, der auf die Sonnenuhr zuführt, ist ein beliebtes Fotomotiv, wenn der Goldregen blüht und dazu die violetten *Allium*-Kugeln das Komplementär stellen. Vergleichen Sie hierzu die Abbildung am 21. Juni. Jetzt zur Tulpenzeit bestimmt Rot und sattes Grün den lebendig gepflasterten Gang in der Gartenanlage von *Barnsley House*. Hier werden auch Lesungen abgehalten und ausgewählte Filme gezeigt; Gründe gibt es genug, dieses Garten-Landhaushotel und sein Spa in Gloucestershire zu besuchen.
Übrigens hat Stephen Woodhams den Spa-Garten neu angelegt! www.barnsleyhouse.com

24. April

*Wenn's friert an Sankt Fidel,
bleibt's 15 Tag noch kalt und hell*

....

....

....

....

....

David Wheeler ist mutig im Umgang mit Farben in seinem Garten *Bryan's Ground*. Orangegelbe Lilien konkurrieren mit der fröhlich gelbblauen Hausfassade. Auch dies ein englisches Phänomen: **Colour** ist dort ein Thema, das in den Gärten und Wohnungen viel extensiver erprobt wird als bei uns und in Zeitschriften und Büchern Dauerthema ist. Angesagte Designerinnen wie Tricia Guild, Sophie Conran, Abigail Ahern, Kelly Hoppen oder Annie Sloan entwickeln ihre eigenen überzeugenden Farbpaletten und mutig beschwingte Kombinationen.

www.telegraph.co.uk/lifestyle/interiors/10935480/Why-are-these-Britains-most-influential-female-designers.html

25. April

Bauen um Markus schon die Schwalben,
so gibt's viel Futter, Korn und Kalben

....

....

....

....

....

Am 11. April konnten wir den Blick in diesen Tulpengarten durch das Rankgitter schon erahnen, und es geht weiter mit einer Buchslandschaft um die große Rasenfläche und mit rosafarbenen Tulpen. Die Besitzer wechseln von Jahr zu Jahr die Farbzusammenstellungen ihrer Bepflanzung. So umgehen sie auch die manchmal im zweiten Jahr ausbleibende Blüte der **Tulpenzwiebeln**. www.cheniesmanorhouse.co.uk

26. April

*Gibt's im Frühjahr viele Frösche,
so geraten die Erbsen*

....

....

....

....

....

Der große William Shakespeare wurde am 26. April 1564 in Stratford-upon-Avon/ Warwickshire getauft, und so mancher Pub in England trägt seinen Namen. Dieser hier in Durham lädt hinter typischen bunt bepflanzten **Blumenampeln** zum Guinness ein. *Cheers!* Schon 1190 wurde das gastliche kleine Haus erbaut, und wenn die richtige Begleitung fehlt, hilft freies Wi-Fi, die Werke Shakespeares im Web zu lesen – sollte man im Getümmel dazu kommen. Die Kathedrale von Durham, begonnen 1093, ist nicht weit entfernt und gilt als eine der schönsten der Welt!

www.shakespearedurham.com www.durhamcathedral.co.uk

The Shakespeare
back
1109AD it
an Inn call
the Ostler & Groom
in 1468AD it
remains one
of the most
Haunted Pubs
in England.
GREAT ALES, SNACKS
OT DRINKS
EE' WI-FI
A arm Welcome

27. April

Hat der April mehr Regen als Sonnenschein,
so wird's im Juni trocken sein

@...

....

....

....

....@

Ein Garten am Meer – und dies mit freiem Blick, ungehindert von Deichen oder Dünen! Der Londoner Designer und Gartenkünstler **Stephen Woodhams** hat diesen Privatgarten in Bexhill an der Südküste angelegt und die Aussicht durch das Setzen der Steinkugelsammlung, der Töpfe, Mauern und Rasenflächen noch überhöht. Der allzu häufig verwendete Begriff Traumgarten ist hier noch untertrieben. www.stephenwoodhams.com www.discoverbexhill.com

28. April

Friert's am Tag von Sankt Vital,
friert es wohl noch fünfzehn Mal

....

....

....

....

....

Die Floristen von **Moyses Stevens** besitzen mehrere Filialen in London, und die in Chelsea, unweit der Underground-Haltestelle Sloan Square, wird während der *Chelsea Flower Show* auch draußen auf der Pavillion Street 188 auffallend fantasievoll mit Blüten und Arrangements dekoriert. Seit 1876 gibt es diese Firma, die schon Hoflieferant für Elizabeth The Queen Mother war und nun auch das Heim des Prince of Wales mit Sträußen aus heimischen und niederländischen Gärtnereien schmücken darf. www.moysesflowers.co.uk

Moyses Stevens
188
Coco made me do

29. April

Heller Mondschein im April
schadet den Blüten nicht viel

....

....

....

....

....

Die Landstraßen Englands werden oft von Hecken oder **Natursteinmauern** gesäumt, die Lebensraum für allerlei Pflanzen und Tiere bieten und beim Durchfahren spannende Blicke zulassen oder auch versperren. Wenn nur der Linksverkehr nicht wäre! Im Garten auf einem leichten Hanggrundstück kann man durch solche Mauern gut Terrassen schaffen, die dem Gärtner das Arbeiten erleichtern und dem genießenden Betrachter neue Blicke auf die Pflanzen bieten und Duftblüten ganz nah heran führen.

30. April

Walpurgisnacht Regen oder Tau –
auf ein gutes Jahr dann bau

Tea for Two, dieses allgegenwärtige Ritual des gepflegten Beisammensitzens und Genießens wurde hier in einer geschützten Gartenecke arrangiert. Geblümtes Geschirr, eine geklöppelte Decke, ein Transistorradio im Fifties Look und ein paar blühende Begleiter laden ein. Mary Hirst hat diese Inszenierung in Zusammenarbeit mit dem Askham Bryan College auf der jährlich stattfindenden *Tatton Flower Park Show* 2006 erdacht. Dieses College in York unterrichtet alle Berufe rund ums Landleben. www.askham-bryan.ac.uk   www.rhs.org.uk/tatton

1. Mai

*Wenn die Sonne gut ist am 1. Mai,
gibt es viel Korn und gutes Heu*

....

....

....

....

....

Der Mai ist der Monat der jährlichen *Chelsea Flower Show* in London. Sie ist die bedeutendste Veranstaltung dieser Art weltweit und ein gesellschaftliches Ereignis. Geadelt wird sie gleich am Eröffnungstag durch den Besuch von Queen Elizabeth II. Die Tageszeitungen und die BBC berichten täglich von hier. Unser Foto zeigt die Allee des *Royal Hospital* im Stadtteil Chelsea kurz nach der Nachmittagsöffnung – man ahnt, warum sie auf etwa 160 000 Besucher begrenzt wird. Die Tickets gibt es für verschiedene Tageszeiten und verschieden lange Dauer. Meist öffnet die Schau auf 4,5 Hektar Ausstellungsfläche im Freien und im Grand Pavillon um den 20. Mai (zum Ticketkauf siehe auch 18. März.) Auf den kommenden Maiseiten werden noch allerlei Beispiele aus vergangenen Shows präsentiert.

www.rhs.org.uk/shows-events/rhs-chelsea-flower-show

RP
31
CHELSEA OFFICIAL SOUVENIRS

2. Mai

Donner und Fröste im Wonnemond,
Müh und Arbeit wenig lohnt

Was nach einem Refugium zum Träumen und Relaxen im Garten aussieht, ist in Wirklichkeit ein kleines Büro in Baumwipfel-Höhe. Die englische Gartendesignerin, Buchautorin und BBC-Moderatorin Bunny Guinness hat es als Arbeitsplatz zum Schreiben erdacht und eingerichtet. Dank Laptop und WLAN kann man an den schönsten Orten im Garten oder Park kreativ sein. Ausgestellt hat sie dieses hübsche **Baumhäuschen** mit Balkon bereits 1995 auf der *Chelsea Flower Show*, als noch kaum jemand von flexibler Arbeitswelt sprach und es „*A Writer's Garden*" betitelt. Warum sitze ich hier eigentlich am Schreibtisch?
www.bunnyguinness.com

3. Mai

Zu Philipp und Jakobi Regen
bedeutet viel Erntesegen

....

....

....

....

....

Upcycling heißt der Trend, bei dem man aus Altmaterial neue Hingucker kreiert. Haben Sie erkannt, dass hinten in der Mauer versetzt aufgeschichtete Fahrradfelgen zum ornamentalen Metallband geworden sind? Durch die Spiegelung im elegant geschwungenen Corian®-Bassin verdoppelt sich der Effekt. Die Blüten in Weiß und Lila geben dem dunklen Wasser Frische und Anmutung zugleich. Ein kreisrunder Sprudler erzeugt zusätzlich frisch blubbernde Wasserbläschen. Der Anlass für diesen Gartenentwurf der *Chelsea Flower Show* 2014 ist originell: In jenem Jahr führte die weltbekannte Tour de France ihre Radfahrer nämlich auch durch Yorkshire, und so wurden die dort heimischen Pflanzen, Steine und dort gesammelte Radfelgen vom Star-Designer Alistair W. Baldwin zum künstlerischen Garten arrangiert.
www.alistairwbaldwin.co.uk

4. Mai

Der Florian, der Florian
noch einen Schneemann bauen kann

....

....

....

....

....

Die spätsommerliche **Staudenrabatte** schiebt sich in die gepflegte Rasenfläche und bringt Farbe und Lebensfreude für Mensch und Tier in die Parkanlage, deren streng geschnittene Auffahrtsallee im Hintergrund auf *Barnsley House* zuführt. Das farblich und formal kunterbunt angeordnete Pflanzschema des Beets geht auf die Großmeisterin der englischen Gartengestaltung, Rosemary Verey, zurück. Immer wieder hat der Prince of Wales sie dort besucht und sich mit ihr fachkundig ausgetauscht, bis zu ihrem Tode im Juni 2001.
www.barnsleyhouse.com

5. Mai

Regnet es am Himmelfahrtstag,
der Weinbauer klagen mag
(Wechselndes Datum)

Hunde sind den Engländern wohl genauso lieb wie ihre Gärten. Wenn der kleine *English Springer Spaniel* „Crispin" dann noch so unwiderstehlich das Unkrautzupfen und Schneiden durch Boykott in der Schubkarre unterbricht, geht wohl jedem das Herz auf. Katzenfreunde inklusive. Dieses Foto konnte Gary Rogers in *Chenies Manor* aufnehmen. Man beachte auch die exakte Kante des Rasenteppichs! www.cheniesmanorhouse.co.uk

6. Mai

Der Mai bringt Blumen dem Gesichte,
aber dem Magen keine Früchte

Seit 17 Jahren sponsert der Champagner-Hersteller Laurent-Perrier seine Paradegärten auf der Chelsea Flower Show, und 2014 wurde dieser moderne und dennoch von Pflanzen bestimmte Entwurf von **Luciano Giubbilei** zum „Besten Garten der Schau“ gewählt. Das Spiel aus Stein, Pflanzen, Wasser und Kunst ist zeitlos modern inszeniert. Formen, Farben, Materialien fügen sich zu einem kunstvollen Ganzen. Apropos: Der wie verwittert wirkende Zedernstamm im Hintergrund wurde von der international bekannten Bildhauerin Ursula von Rydingsvard bearbeitet. www.lucianogiubbilei.com www.ursulavonrydingsvard.net

7. Mai

Wenn sich naht Sankt Stanislaus,
schlagen alle Bäume aus

Rosengärten sind in den Sommermonaten natürlich ein Erlebnis. Im Herbst und Winter jedoch sehen sie, nachdem die Vögel sich der Hagebutten angenommen haben, eher karg aus. Da ist es wichtig, dass die Gestaltung der Rosenbeete auch den Aspekt berücksichtigt, wenn sie nicht mehr durch Farben und Düfte betören. Hier im Gartenhof von *Badminton House* (Gloucestershire) gliedern streng geschnittene Beeteinfassungen und Formgehölze die Anlage und sorgen so für ganzjährigen Schmuck. Die Dorfkirche schließt sich direkt am südlichen Garten an; sie wurde 1785 vom 5. Herzog von Beaufort errichtet. www.badmintonestate.co.uk

8. Mai

Der Mai, zum Wonnemonat erkoren,
hat den Reif noch hinter den Ohren

....

....

....

....

....

Lady Emma Hamilton, so heißt diese Englische Rose aus David Austins Züchtung mit ihrer ungewöhnlichen Farbe. Sie hat ihren Namen nach der Geliebten Horatio Nelsons erhalten – ihre Schönheit soll betörend gewesen sein, wie auch die Bilder zeigen, die Angelika Kauffmann, Johann Heinrich Wilhelm Tischbein oder Joshua Reynolds von ihr in Neapel malten. Auch Goethe hat sich während seiner Italienreise von Lady Emmas „lebend gestellten Bildern nach der Antike" begeistern lassen. Ihre spannende Vita vom einfachen Landkind aus Ness, Cheshire, zur Gattin des britischen Botschafters Sir William Hamilton kann man auf Wikipedia nachlesen.
Dass die Rose ihres Namens intensiv und köstlich duftet, versteht sich fast von selbst.
www.wikipedia.org/wiki/Emma_Hamilton www.davidaustinroses.com

9. Mai

Mairegen bringt Segen, da wächst jedes Kind,
da wachsen die Blätter und Blumen geschwind

....

....

....

....

....

Das Landhaus Lower Slaughter Manor aus dem 17. Jahrhundert liegt in den Cotswolds und lädt seine Hotelgäste zur Gartenbenutzung oder zu Ausflügen in die malerischen Nachbarorte ein. Zu Fuß sind Burton on the Water oder Upper Slaughter zu erreichen. **Lower Slaughter** in Gloucestershire ist ein pittoreskes Dorf, durchflossen vom Fluss Eye, die Häuser aus hellem Kalkstein werden von kleinen Grünanlagen und blumenreichen Gärten umringt. Seine Copse Hill Road durfte sich 2011 mit dem Titel der romantischsten Straße Großbritanniens schmücken. www.lowerslaughter.co.uk

10. Mai

Der Gordian, der Gordian,
der richtet oft noch Schaden an

....

....

....

....

....

Die Teakholzbank „Sissinghurst“ steht mittlerweile in vielen Gärten mit englischem Flair. Hier ist sie aber an ihrem Ursprungsort, eben ***Sissinghurst Castle Garden***, vor der von Klematis überzogenen Mauer aufgestellt. Der englische Architekt Sir Edwin Lutyens (1869–1944) hat sie entworfen. Die silbergraue Patina lässt sie passend in ihrer historischen Umgebung wirken. Vita Sackville-West und Harold Nicolson haben den Garten seit den 30er Jahren des vorigen Jahrhunderts angelegt, heute ist er einer der beliebtesten Ziele der Freunde englischer Gartenkultur. Er liegt etwa 40 Kilometer südwestlich von Canterbury.

www.nationaltrust.org.uk/sissinghurst-castle-garden

11. Mai

Gehen die Eisheiligen ohne Frost vorbei,
schreien die Bauern und Winzer juchhei

Eine **Küche im Freien** ist etwas Wunderbares. Alle erleben die Zubereitung der Köstlichkeiten gemeinsam, und die Düfte vom Grillen, Dünsten oder Braten vermischen sich mit denen von Kräutern, die in Griffweite wachsen. Ein elegantes Beispiel hat Patricia Fox für die *Chelsea Flower Show* 2009 geschaffen, der Granitküchenblock ist das wetterfeste Herzstück. Erdbeeren, Tomaten, Äpfel, Birnen scheinen einem direkt in den Mund zu wachsen, frische Tees aus überbrühten Minzblättern kann man sich unmittelbar nach ihrer Ernte ansetzen. Die Pergola ist Rankhilfe und Raumbildner zugleich. Möge es ein guter Sommer werden!

www.patricia-fox.blogspot.de www.aralia.org.uk

12. Mai

Pankraz und Servaz, zwei böse Brüder,
was der Frühling gemacht, zerstören sie wieder

....

....

....

....

....

Dicht an dicht, bunt und frisch gemischt – ein Staudenbeet zum Staunen. **Cleve West,** Gartendesigner aus Hampton Wick bei London, hat diese Rabatte für den *Daily Telegraph Garden* auf der *Chelsea Flower Show* 2011 erdacht. Schade, dass dieser Garten nur ein paar Tage dort überdauert; es wäre spannend zu sehen, welche Pflanzen sich wie über die Jahre entwickeln würden. Im Hintergrund ahnt man noch etwas vom Cotswold-Kalkstein, der die Wasserrinnen fasst. West hat mit diesem Ensemble den Best Garden in Show geschaffen – und 2012 gewann er gleich noch einmal. Das hat niemand vor ihm geschafft! www.clevewest.com

13. Mai

Vor Servati kein Sommer,
nach Servati kein Frost

....

....

....

....

....

Eardisland in Nord-Herefordshire ist ein Gartenparadies, da manche der Grundstücke am Ufer des Flusses Arrow liegen. So auch der weitläufige Garten ***Glanarrow*** von Christopher und Lotty James. Er ist eine gelungene Mischung aus Wassergarten, großen Rasenflächen und ausgewählten Pflanzinseln. Angrenzend liegt die alte Dorfmühle. Auf einem Spaziergang in der Umgebung kann man auch die Eardisland-Eiche finden, die seit mindestens 500 Jahren dort wächst. Zur groben Orientierung: wir befinden uns hier südwestlich von Birmingham. www.eardisland.org.uk

14. Mai

Wer seine Schafe schert vor Bonifaz,
dem ist die Woll' lieber als das Schaf

Wir sind wie am Vortag noch in Herefordshire. Zwischen Lyonshall und Kington liegt die ***Rhoddsfarm***. Cary und Richard Goode haben hier seit 2005 einen modernen Landschaftsgarten angelegt, der formale Elemente in Pflanzenschnitt, Wegeführung und fantasievolle Bauten kombiniert mit Kunstwerken, weit öffnenden Landschaftsblicken und botanischen Raritäten. Von Mai bis Oktober öffnet der Garten seine Pforten am ersten Freitag eines jeden Monats. Das Gartenbesitzerpaar betreibt darüber hinaus ein Hotel in Sri Lanka – es gibt interessante Biografien unter den „Gartenmenschen"!

www.rhoddsfarm.co.uk www.ellertonsrilanka.com

15. Mai

Die kalt' Sophie, die bringt zum Schluss
ganz gern noch einen Regenguss

....

....

....

....

....

Ganz in der Nähe des Gartens vom Vortag liegt ***Broxwood Court,*** ein Landsitz mit riesigen Ländereien, Seen, Apfelplantage und einem pittoresken Wassergarten, der an die Wasserachsen der maurischen Generalife-Gärten in Granada erinnert. Hier allerdings fasst grüne Architektur die Wasseranlage. Man kann auf diesem Anwesen englischen Hochadel kennenlernen, denn es gibt prächtige Gästezimmer und typisch englisches Frühstück. Der Familie Snead-Cox gehört das Haus seit über 400 Jahren, wie Anne Allen mit Mädchenname hieß, und heute mit ihrem Mann Mike hier wohnt. www.broxwoodcourt.co.uk

16. Mai

Der Nepomuk uns das Wasser macht,
dass uns ein gutes Frühjahr lacht

Diese kräftig gelbe, doppelt gefüllte **Englische Rose** 'The Pilgrim' mit leicht weißlichem Rand hat David Austin 1992 gezüchtet. Sie besitzt die guten Eigenschaften mehrfach zu blühen und stark zu duften. Ihre großen, aber flachen Blüten wirken auch gut in der Vase.
www.davidaustinroses.com

17. Mai

Ist's im Mai recht kalt und nass,
haben die Maikäfer wenig Spaß

Spaß macht es auch, auf der *Chelsea Flower Show* einfach nur die Besucher zu beobachten. Kaum eine Lady oder ein Gentleman, der nicht ein **florales Dekor** an seiner Kleidung trägt, kaum jemand, der nicht die Schaugärten und ausgestellten Pflanzen, Tröge, Arbeitshandschuhe, Gartenpavillons, Brunnen, Kunstwerke, Frühbeetkästen, Grills, Möbel … fotografiert. Um zu erkennen, welchen Garten die Dame hier betrachtet – bitte umblättern zum 18. Mai.
www.rhs.org.uk/shows-events/rhs-chelsea-flower-show

18. Mai

Ein kühler Mai wird hoch geacht,
hat stets ein gutes Jahr gebracht

Tommaso del Buono und **Paul Gazerwitz,** London, sind berühmt für ihre modernen, streng linearen Gartenanlagen. Sie haben den *Telegraph Garden* 2014 auf der Show präsentiert – und die Goldmedaille gewonnen. Ein wichtiger Bestandteil sind die zehn dachförmigen Linden *(Tilia* × *europaea* 'Pallida'), die die Baumschule Lappen aus Nettetal am Niederrhein geliefert hat. Sie wirken, als seien sie schon seit Jahren zu einem Blätterdach zusammengewachsen. Die häufig im Innenraum anzutreffenden Drahtsessel-Klassiker des Italieners Harry Bertoia aus den frühen fünfziger Jahren vermitteln Stil und Urbanität. Knoll International stellt die Sessel noch heute in verschiedenen Fassungen her.

www.delbuono-gazerwitz.co.uk www.lappen.de www.harrybertoia.org

19. Mai

Gewitter im Mai
bringen Früchte herbei

@..

....

....

....

....@

Heute stehen wir unter der massiven **Rosenpergola** des Little Thakeham Hotels in Pulborough, West Sussex, unweit der Kanalküste bei Brighton. Das kräftige Pinkrot der Blüten steigert mit dem Gelbgrün des Frauenmantels die Freude beim Gang über die großen Wegeplatten auf das Landhaus zu. Für Reservierungen sollte man sicherheitshalber die Telefonnummer 0044 (0)19 03 74 44 16 wählen, nach letzten Informationen stand das Hotel nämlich zum Verkauf. www.pulborough.org

20. Mai

Wie Christus in den Himmel fährt,
zehn Sonntag so das Wetter währt

(wechselndes Datum)

Wir stehen vor den Pflanzglocken (Cloches) des Gemüsegartens eines der besten Restaurants in Südengland. Zucchini werden darunter ihrer Blüten wegen gezogen, es handelt sich um die Sorte 'Milano di Nero'. An die 200 dieser besonders großen Blüten braucht das 2-Sterne-Restaurant im Sommer – am Tag. 70 verschiedene Kräuter und 90 Gemüsesorten liefern die Gärtner erntefrisch in die Küche. Die gesamte Anlage aus Landhaus-Design-Hotel, Spitzenrestaurant und vielfältigen Gartenräumen, die nicht nur der Gemüse- und Obstproduktion dienen, sondern auch zum Spazieren einladen, verdient eine eigene Reise! Das **Belmond Le Manoir aux quat' saisons** liegt in Great Milton, Oxford; man kann auch mit dem Hubschrauber anreisen …

www.belmond.com/le-manoir-aux-quat-saisons-oxfordshire

21. Mai

Wie zu Dreifaltigkeit das Wetter fällt,
es bis zum Monatsende hält

(Dreifaltigkeit, erster Sonntag nach Pfingsten)

Minimalistisch kann man diesen Gartenentwurf von Designer Charles Funke, Godalming, Surrey, nennen. Aus der Amphore am Ende des bodengleichen Bassins rinnt das Wasser, weiße Rosen und zum offenen Bogen geleitete Hainbuchen flankieren das stille, mit Seerosen bepflanzte Becken. Dieser Garten mit dem Titel „*The Garden of Transparency*" ist eine Homage an die friedvolle Verbindung der **Kulturen aus Ost und West**. Scheich Zayed Bin Sultan Al-Nahyan, damaliger Präsident der Vereinigten Arabischen Emirate, hat den Garten für die *Chelsea Flower Show* 2002 gesponsert. Eine Silbermedaille gewann der Entwurf.

www.charlesfunke.com

22. Mai

Ein Bienenschwarm im Mai
ist wert ein Fuder Heu

....

....

....

....

....

Die Gärten von ***Penshurst Place***, Tonbridge, Kent, feiern bald ihr 700-jähriges Bestehen und gehören mit Recht zu den schönsten Südenglands. Heinrich VIII. hat hier schon gejagt, die Anfänge des Palastes reichen sogar bis ins 12. Jahrhundert zurück. Der jetzige Chefgärtner Cory Furness betreibt einen überhaupt nicht antiquierten Gartenblog und berichtet über die saisonalen Aktivitäten im riesigen Park. Jetzt dürften allmählich die Pfingstrosen ihre duftenden Blüten wieder öffnen. www.penshurstplace.com

23. Mai

Ein kalter Mai tötet das Ungeziefer und verspricht gute Ernte

Die *Chelsea Flower Show,* eher bekannt für moderne Gartenentwürfe, kann auch »historisch«. Philippa Pearson und Jonathan Denby haben sich 2010 vom Rokoko-Rothschild-Garten in Waddesdon Manor, Buckinghamshire, inspirieren lassen. Haben im Original exotische Vögel in der **Voliere** gesungen, ist der Pfau heute zum Bodenmosaik zwischen den beiden Pflanzbeeten mutiert. Die Pfingstrose 'Sarah Bernhardt', Iris 'Jane Phillips', Salbei 'Caradonna' und Nelkenwurz 'Mrs Bradshaw' drängen sich zwischen der Buchseinfassung um die Eibenpyramide.

www.jdgardendesign.co.uk/blog/?tag=philippa-pearson   www.waddesdon.org.uk

24. Mai

Lein gesät an Esthern
wächst am allerbesten

....

....

....

....

....

Die Gartenprojekte der *Chelsea Flower Show* stehen jeweils unter einem besonderen Motto. 2013 hat Chris Beardshaw die verschiedenen Stadien eines an Arthritis Erkrankten zum Leitmotiv ausgewählt: zunächst Verwirrung und Unverständnis, dann die Diagnose, Information über die Krankheit und schließlich Wege, die zur Linderung führen können. Diesen letzten Abschnitt voller neuer **Lebensfreude** symbolisieren die üppig und bunt bepflanzten Beete. www.chrisbeardshaw.com

25. Mai

*Wie der Urban sein Wetter hat,
so findet es auch zur Lese statt*

....

....

....

....

....

Am 14. Mai waren wir schon mal in Herefordshire, um die *Rhodds Farm* vorzustellen. Heute zeigen wir eine der neuen Kleinarchitekturen, die die Goodes hier errichtet haben. Der Turm hinter dem Irisgarten fokussiert den Blick und rahmt die Sicht auf die Landschaft. Stellen Sie sich das Bild ohne dieses **Taubenhaus** vor, in dem heute 30 weiße Tauben siedeln – es wäre nur ein beliebiger Landgarten. www.rhoddsfarm.co.uk

26. Mai

Grasmücken, die fleißig singen,
wollen uns das Frühjahr bringen

....

....

....

....

....

Natursteinmauern, exakt geschnittene Hecken, Kletterrosen und eine lebendige Mischung aus Farben und Blattstrukturen, so wünscht man sich einen Cottage-Garten. Gartenbuchautorin Lady Mary Keen hat ihn hinter ihrer **Old Rectory** in Duntisbourne in den Cotswolds angelegt. Auf 6000 Quadratmetern experimentiert sie mit in Form geschnittenen Bäumen, hegt in Glashäusern und im Gemüsegarten Kulinarisches, arrangiert bepflanzte Töpfe und Tröge zu Stillleben und probiert immer wieder neue Pflanzenkombinationen aus. Ihre Liebe zu Blühendem und natürlichen, manchmal sogar etwas chaotisch wirkenden Rabatten durchzieht das sympathische Gartenreich. Darüber berichtet sie monatlich in der Zeitschrift *The Garden* für die Mitglieder der Royal Horticultural Society. www.lynandmalc.co.uk/old_rectory.htm

27. Mai

Wieviel Tage vor Fronleichnam Regen,
soviel Tage hinterher

(wechselndes Datum)

....

....

....

....

....

Am 1. Januar waren wir schon einmal im weißen Garten von Sissinghurst Castle, jetzt aber ist dort wirklich Rosenblütenzeit und ***Rosa mulliganii*** macht sich auf dem Eisengestell ganz schön breit. Ihr leichter Duft wird durch die Fülle der weißen Blüten beim Spaziergang zum Genuss. Erst die vielen Besucher machten es erforderlich, dass die Wege gepflastert werden mussten. Über die Aktivitäten, Erfahrungen und Pläne der Gärtner informiert das ganze Jahr über fachkundig der Gartenblog: www.sissinghurstcastle.wordpress.com

28. Mai

Ist's im Mai recht heiß und trocken,
kriegt der Bauer kleine Brocken

....

....

....

....

....

Pfingstrosen beglücken Gartenbesitzer und Floristen gleichermaßen. Im Pavillon der *Chelsea Flower Show* sind „die Rosen ohne Dornen“ in vielen Sorten vertreten. Wer sich einige von Ihnen in den eigenen Garten holen möchte, sollte sich vorher gut informieren, denn ihre Duftpalette reicht von süßlich bis schwer, aber selbst unangenehm stinkende kommen vor. Es gibt sie als Stauden, die im Winter ihr Blattwerk komplett einziehen und im März wieder mit meist kräftig roten Sprossen anzeigen, dass die ärgste Kälte vorüber ist, oder als Halbsträucher. Ende des 18. Jahrhunderts kamen die ersten Pflanzen aus China nach England, und 1834 sandte die *Royal Horticultural Society* den Forscher Robert Fortune aus, um weitere Sorten zu erwerben. Der Boom begann. In der Gesellschaft der Staudenfreunde beraten Experten auch über Pfingstrosen: www.gds-staudenfreunde.de

29. Mai

Ein nasser Mai
schafft Milch herbei

Der Altmeister des guten und erschwinglichen Designs, Sir Terence Conran, hat um sein Landhaus **Barton Court** aus dem 17. Jahrhundert nicht nur einen großen Gemüsegarten für seine gastliche Küche angelegt, sondern auch mit Formschnittgehölzen ein Areal für kreativen Müßiggang geschaffen. 33 Jahre hat dies immerhin gedauert. „Gemüse anbauen ist wie designen", meint Conran. „Man beginnt mit einem kleinen Saatkorn, das dann alles aus seiner Umgebung aufnimmt – Sonne, Wasser, Mineralien aus dem Boden – und die Sorge und Aufmerksamkeit, die man selbst hinzufügt." Berkshire ist 60 Meilen westlich von London entfernt, wo Conran das Design Museum, diverse Möbel-Shops und Restaurants betreibt.

www.conran.com www.designmuseum.org

30. Mai

Sankt Wiegand, dieser böse Tag,
zuletzt noch Nachtfrost bringen mag

....

....

....

....

....

Am Sloane Square wurde ein **vertikaler Garten** vor die Backsteinfassade des amerikanischen Edelmode-Labels J. Crew gehängt. Die Marketingleiterin Jenna Lyons wollte damit nicht nur einen Hingucker schaffen – Nachbar ist immerhin Tiffany –, sondern auch etwas tun, um Bienen einen Anflugspunkt in der Stadt zu bieten. »Erfinder« dieses hängenden Gartens ist der Franzose Patrick Blanc, der sie weltweit an Außenwänden und in Treppenhäusern arrangiert. www.verticalgardenpatrickblanc.com

SLOANE SQUARE

31. Mai

Ist es klar an Petronell,
da messt den Flachs ihr mit der Ell'

Eine verschnörkelte weiße Eisenbank im Halbschatten der kräftig blühenden **Ramblerrose 'New Dawn'** – einen schöneren Platz kann man sich nicht denken, um dem Monat Mai Ade zu sagen und ihn noch einmal zu feiern. Aufgenommen im Little Thakeham Hotel in Pulborough, West Sussex. Die 1930 von der *Somerset Rose Nursery* eingeführte 'New Dawn' ist recht anspruchslos, sie blüht mehrfach; ihre hellrosa Blüten duften nach Apfel, und ihre Triebe werden bis zu vier Meter lang – all diese guten Eigenschaften haben sie 1997 zur »Weltrose« gemacht. www.davidaustinroses.com

1. Juni

Justin klar,
gutes Jahr!

....

....

....

....

....

Der Juni ist der **Mohn-Monat**, obwohl man ihn in den letzten Jahren schon im Mai bei uns hat blühen sehen. Der abgebildete „Schlafmohn“ *(Papaver somniferum)* ist ein sehr wirkungsvoller Vertreter seiner Art in mancherlei Hinsicht: zunächst als Hingucker dank seiner pinken Blütenfarbe mit gelbem Knoten, seinem würzigen Einsatz für Mohngebäck und schließlich seiner Verwendung als medizinische Heilpflanze wegen bis hin zum Opiat. Er gedeiht im feuchten englischen Klima ebenso wie im trockenen Mittleren Osten. Wer verhindern möchte, dass er sich maßlos im Garten verbreitet, muss rechtzeitig die gehaltvollen Samenkapseln einsammeln. Dieses schöne Exemplar ist vor *Badminton House* aufgenommen worden.
www.badmintonestate.co.uk

2. Juni

Menschensinn und Juniwind
ändern sich oft sehr geschwind

....

....

....

....

....

Die Kletterrose am Geländer von *Chatsworth House* liefert den Farbakzent im Vordergrund vor dem großen ornamentalen Parterre. Wer meint, hier in der Bepflanzung ähnlich wie bei Luftbildaufnahmen über historischen Ausgrabungen Grundmauern durchscheinen zu sehen, hat durchaus recht: Wir sehen hier in Buchs nachgeformt den Grundriss des Erdgeschosses von ***Chiswick House*** in London, erbaut 1725 vom 3. Earl of Burlington, der sich wiederum vom italienischen Renaissance-Baumeister Palladio hat inspirieren lassen. *Chiswick House*, unweit von den Londoner botanischen Kew Gardens, hat selbst einen äußerst sehenswerten Park, und dies bei freiem Eintritt (siehe auch 23.–30. Oktober). www.chgt.org.uk

3. Juni

Gibt's im Juni Donnerwetter,
wird auch das Getreide fetter

Waren wir am Vortrag in der großherrschaftlichen Historie unterwegs, heute ein winzig kleiner Privatgarten im Norden von London. Eisenmöbel und Marmortischplatte widerstehen den häufigen Schauern und sind schnell zur Pause wieder einsatzbereit. Hier bringen weiße Blüten Aufhellung in den schattigen Bereich, der vom Grün der Blattformen von Efeu, Wein, Hosta , Farn sowie antikisierenden Formen der Pflanzschalen bestimmt wird. Die Gartendesignerin **Ann Mollo**, bekannt gerade für die Entwürfe kleiner Stadtgärten, hat ihn angelegt.
www.annmollogardens.co.uk

4. Juni

Kommen die ersten Fliegen rein,
wird es wohl bald Sommer sein

....

....

....

....

....

Rosen und Katzenminze – das ist eine klassische Kombination, die allerdings überrascht, weil beide Pflanzen unterschiedliche Bodenansprüche haben: Katzenminze eher mäßig trocken und sandig, Rosen dagegen tiefgründig und gern durch Kompost angereichert. Sommerwärme und Sonne lieben sie beide. Wer also wie hier in *Broxwood Court*, Hereford, beide zusammen haben möchte, sollte sie mit etwas Abstand pflanzen und ihnen durch unterschiedliche Bodenbeigaben zum optimalen Duft- und Farbrausch verhelfen. Die Katzenminze riecht angenehm herb nach Zitrone und Minze. Der Park ist momentan nicht mehr öffentlich zugänglich.
www.parksandgardens.org/places-and-people/site/593/summary

5. Juni

*Was im Juni nicht wächst,
gehört in den Ofen*

....

....

....

....

....

Der Rasenweg zum Brunnen im ummauerten Garten von *Badminton House* führt unter einer Eisenpergola hindurch, die vom **Blauregen** *(Wisteria)* überrankt ist. So ist es für den Zweimal-Blüher ideal. Er kann sich in voller Sonne ausbreiten und mit seiner Wuchskraft keine Gebäudeteile zerstören. Im Frühjahr zeigen sich die ersten Blüten schon vor den Blättern, und im Juli, August kommt es abermals zu einer Blühphase. www.badmintonestate.co.uk.

6. Juni

Bleibt der Juni kühl,
wird's dem Bauern schwül

Der **Rosengarten** von *Chatsworth House* liegt einen kurzen Spaziergang durch die orangeroten Rabatten entfernt vom Haupthaus, nahe bei den Gewächshäusern. Windgeschützt durch die umgebende Eibenhecke wachsen hier unter anderem 'Felicia', 'Buff Beauty', 'Summer Lady', 'Savoy Hotel' und natürlich 'The Queen Elizabeth'; so war es schon bei der Anlage 1939 üblich, die Unterpflanzungen änderten sich kaum. Lediglich Stiefmütterchen und Baummalven *(Lavatera trimestris)* 'Silver Cup' und 'Mont Blanc' sind dazu gekommen.
www.chatsworth.org

7. Juni

Ohne Tau kein Regen,
heißt's im Juni allerwegen

....

....

....

....

....

2012 hat David Austin die gefüllte Englische Rose **'The Lark Ascending'** vorgestellt. Ihr Apricot-Farbton changiert je nach Reife zwischen einem Rosa zur Zeit der Knospe über Gelb im Herzen der Rose bis zu warmem Gelb-Weiß. Der leichte Duft variiert von Blüte zu Blüte von typischem Teerosenduft zu Myrrhe. Die sehr winterharte Sorte blüht mehrfach und lässt sich gut mit winterharten Stauden und Sträuchern im Beet kombinieren. Der Name geht auf das Musikstück für Violine und kleines Orchester von Ralph Vaughan Williams (1872–1952) aus dem Jahr 1914 zurück und wurde bei einer BBC-Radioshow zum Liebling gewählt. Auf Deutsch „Die Lerche steigt auf". Welch passender Name für eine hübsche und robuste Rose.
www.davidaustinroses.com

8. Juni

Wie jetzt der Medardus wettert,
solch Wetter 30 Tage zittert

....

....

....

....

....

Eine Szene, wie sie hübscher kaum sein kann: Blüten im Beet, Blüten an der Backsteinfassade, Blüten im Steintrog, dazu die frischen weiß lackierten Fenster in kleinteiligem Raster. Wir sind in **Salisbury**, Wiltshire, am Rand des großen Platzes The Close, der eine der imposantesten Kathedralen Süd-Englands umgibt. Ihr Bau geht in seinen Ursprüngen auf das 11. Jahrhundert zurück und besitzt mit 123 Metern den höchsten Kirchturm Englands. Auch das immer noch geheimnisumwitterte Stonehenge ist von hier nur einige Steinwürfe entfernt.
www.salisburycathedral.org.uk   www.stonehenge.co.uk

9. Juni

Wie die Junihitze sich stellt,
stellt sich auch die Dezemberkält

....

....

....

....

....

Der Südgarten von *Badminton Estate* spielt mit formalen Buchsbeeten und Eibenhecken, bevor er in die makellosen Rasenflächen übergeht, die sich dann im Landschaftsgarten verlieren. Jedes **Karree** ist wie auf einem Gemälde Piet Mondrians mit jeweils einer Farbe gefüllt, doch lebendiger als in einem Tafelbild bringen hier die unterschiedlichsten Blattformen und Wuchshöhen von *Hosta* und *Euphorbia* dreidimensionale Qualität mit.
www.badmintonestate.co.uk

10. Juni

Regnet's am Margaretentage,
dauert der Regen noch 14 Tage

....

....

....

....

....

Gertrude Jekyll und Thomas Mawson haben im Garten von ***Boveridge House***, Dorset, in den 1920er Jahren Gartengeschichte geschrieben. Kinder mit Lernschwierigkeiten besuchen dort heute eine Schule, für die sich der Gartendesigner und TV-Moderator Chris Beardshaw besonders engagiert. Zum Lernprogramm gehören auch Gartenarbeit und Pflanzenkunde. Der gezeigte, einladende Rückzugsplatz wurde von Beardshaw den Gestaltungen Jekylls nachempfunden und auf der *Chelsea Flower Show* 2006 in Szene gesetzt. www.boveridge.org

11. Juni

Nach Barnabas langsam die Sonne weicht,
auf Luzia (13. Dezember) *sie wieder zu uns schleicht*

....

....

....

....

....

Allium ist in den letzten Jahren sehr in Mode gekommen. Die weißen, flieder- oder stark violettfarbenen Blütenkugeln sind aber auch zu schön, um Höhe in Beete oder in ganze Wiesen zu bringen. Wenn dann noch der Wind die Bälle tanzen lässt, kann man lange zuschauen und dabei seinen Gedanken freien Lauf lassen. Zwiebel-Pflanzen als Therapeut! Die Aufnahme entstand beim Spaziergang durch den Park von *Chenies Manor,* Buckinghamshire

www.cheniesmanorhouse.co.uk

12. Juni

Wenn im Juni der Nordwind weht,
das Korn zur Ernte trefflich steht

....

....

....

....

....

Haushohe Rhododendrenbüsche im Garten von ***Gravetye Manor,*** West-Sussex, auf halbem Weg von London nach Brighton. Man mag gar nicht glauben, dass es so etwas in Wirklichkeit gibt! Im Ostgarten der weitläufigen Anlage beeindrucken neben den alten Rhododendren im Frühling und zu Sommerbeginn die Blüten der Taschentuchbäume. William Robinson begann hier 1884 den Garten anzulegen, und nach einer wechselhaften Entwicklung wird er seit 2010 vom Hauptgärtner Tom Coward wieder in den ursprünglichen, von Robinson als naturnahen Garten geplanten Zustand versetzt. Auch neuzeitliche Experimente lohnen den Besuch des Hotelgartens. Das heutige Foto ist auch das Motiv des Bucheinbands.

www.gravetyemanor.co.uk

13. Juni

Regnet's am Antoniustag,
wird's Wetter später wie es mag

Der ***Arrow Cottage Garden*** in Ledgemoor, Weobley, Herefordshire, beeindruckt durch seine 24 unterschiedlichen Gartenräume, hier der Blick in den Kräutergarten mit seinen exakten Beeten. Die gepflasterten Wege dazwischen erlauben auch bei nassem Wetter Zutaten für die Küche zu ernten. Es ist schon gut zehn Jahre her, dass dieses Foto entstand. Leider ist der Garten heute nicht mehr der Öffentlichkeit zugänglich.

14. Juni

Im Juni bleibt man gerne stehn,
um nach dem Regen auszusehn

....

....

....

....

....

Blumenampeln und Kletterrosen lockern den gepflasterten Fußweg und die Naturstein-fassade der dörflichen Häuser in den **Cotswolds** auf, eine Bank zum Rasten macht die Szene noch gemütlicher: Bilderbuch-England.

THE GATES
BED
&
BREAKFAST

15. Juni

Der Wind dreht sich um St. Veit,
da legt sich's Laub auf die andere Seit'

Tom Stuart-Smith aus London, mehrfacher Chelsea-Goldmedaillen- und Best-Garden-in-Show-Gewinner liebt die Kombination aus naturnahen Gräser-Stauden-Pflanzungen in einer zeitgenössischen Anlage. Kantige Corten-Stahl-Wasserbecken, mutige Farbanstriche der Mauern und rechtwinklig angelegte Wege bilden das Gerüst für die expressiven Blütenfarben und schwirrenden Gräser. Gegenüber beruhigen die grünen Blattschmuckstauden zum einen, zum andern steigern sie den Farbeffekt noch. So 2006 auf der *Chelsea Flower Show* zu sehen.
www.tomstuartsmith.co.uk

16. Juni

Wer auf Sankt Benno baut,
kriegt viel Flachs und Kraut

....

....

....

....

....

Die Londoner Kosmetikfirma Crabtree & Evelyn gab 1995 Jane Fearnley-Whittingstall und Michael Twite den Auftrag, einen **Duftgarten** anzulegen, der besonders auch Blinden Gartenvergnügen vermittelt. Auf erhöhten Beeten (im Glashaus mit Sitzmöglichkeiten) an Rankbögen oder auf Wegen beim Betreten verbreiten die Pflanzen und Blüten ihre fruchtigen, herben, blumigen, würzigen oder mediterranen Gerüche. Der Garten für Blinde wurde im Henrietta Park im Zentrum von Bath nach der Show wieder aufgebaut.
www.michaeltwitelandscapes.co.uk

17. Juni

Fällt Juniregen in den Roggen,
so bleibt der Weizen auch nicht trocken

....

....

....

....

....

Chinesischer Blauregen *(Wisteria sinensis)* ist Weltmeister im Fassadenklettern und in seiner violett-blauen Blütenfülle unschlagbar. Schon manches Rankgitter, Regenrohr oder Vordach ist unter seiner Last zusammengebrochen. Es gibt Exemplare, die 150 Meter lange Triebe entwickelt haben. Der Blütenduft jedoch besiegt jegliche Bedenken.

18. Juni

Früher Sommer,
schlechte Ernte

Vier Gärtner schneiden zehn Tage im August an den Eibenhecken des **Irrgartens** von *Chatsworth House*, um sie in Form zu halten. Kugelrobinien umstehen das Rondell, in den Beeten davor blühen Dahlien und Astern. 1962 wurde er angelegt, 50 Jahre Geduld braucht es dann schon … www.chatsworth.org

PINETUM
GROTTO POND

19. Juni

Wenn's regnet an Sankt Gervasius,
es vierzehn Tage regnen muss

....

....

....

....

....

Akeleien gibt es seit Millionen von Jahren. Ihrer Genügsamkeit und ihrem verlockenden Wesen für Hummeln, Schwärmer oder auch Kolibris haben sie wohl die lange und blühende Historie zu verdanken. In *Badminton House* wachsen sie prächtig windgeschützt im ummauerten Garten. www.badmintonestate.co.uk

20. Juni

Im Juni kühl und trocken,
gibt's was in die Milch zu brocken

Roger Platts aus Kent ist bekannt für seine traditionellen Country-Gärten. Stabile Pergolen, Unterstände und Veranden aus Eiche kennzeichnen seine Entwürfe. Hier hat er sich des Themas „vernachlässigter ummauerter englischer Gärten" angenommen und einen solchen vorbildlich restauriert und neu bepflanzt. So könnte er auch an den Veranstaltungen der „offenen Gartenpforte" wieder teilnehmen. Könnte … weil es auch wieder ein Schaugarten aus Chelsea von 2002 ist, anlässlich des 75-jährigen Bestehens der *National Garden Schemes* (NGS) errichtet, also der Vereinigung, die jährlich das *Yellow Book* mit den Adressen jener Privatgärten veröffentlicht, die an manchen Tagen für Besucher öffnen.

www.rogerplatts.co.uk www.ngs.org.uk

21. Juni

Ist die Milchstraße klar zu seh'n,
bleibt das Wetter schön

Den Sommeranfang feiern wir unter einem berühmten **Goldregengang,** wo sein leuchtendes Gelb und das frische Violett der *Allium* einmalig aufeinandertreffen. Wir sind wieder im Garten, den Rosemary Verey in *Barnsley House*, Cotswolds, angelegt hat. Am 23. April konnten wir sehen, wie die gleiche Situation zur Tulpenblütenzeit wirkt. www.barnsleyhouse.com

22. Juni

Regnet's im Sommer kaum,
bleiben die Äpfel nicht am Baum

....

....

....

....

....

Das kleine Dorf **Edensor** (sprich: Ensor) ist nur fünf Minuten von Chatsworth House entfernt und liegt romantisch zwischen den Hügeln im Herzen von Derbyshire. Das war nicht immer so: Ursprünglich befand sich die Siedlung zu beiden Ufern des Flusses Derwent. Da sie jedoch in den Blickachsen vom Schlosspark aus zu sehen war, was den 4. und den 6. Duke of Devonshire störte, wurden die meisten Gebäude abgerissen. Joseph Paxton (1803–1865), der auch die Parkanlage von Chatsworth plante und umgestaltete, hat die neue Lage des Dorfs ausgewählt, die Häuser hat John Robertson, ein eher unbekannter Architekt aus Derby, in den 30er Jahren des 19. Jahrhunderts entworfen. Wir sehen hier das Haus eines Gärtners. Mehr darüber am 5. Juli und 15. August. www.derbyshire-peakdistrict.co.uk/edensor.htm

23. Juni

Reif in der Johanninacht,
dem Bauern Beschwerden macht

....

....

....

....

....

Fuchsien eroberten Englands Gärten in der ersten Hälfte des 19. Jahrhunderts, immer mehr Sorten mussten aus Südamerika importiert werden. Ihren Namen (im Englischen ebenso *fuchsia)* haben sie dem deutschen Botaniker Leonhart Fuchs (1501–1566) zu verdanken. Heute ist der variantenreich blühende Strauch mit seinen stakeligen Ästen, die schon Marcel Proust fasziniert haben, auf den englischen Gartenshows mit eigenen Ständen vertreten. Selbstverständlich gibt es auch eine britische Fuchsien-Gesellschaft: www.thebfs.org.uk

SNOWCAP
CLEANTHA
ROSE FANTASIA
ANN HOWARD TRIPP
RACHEL AMBER
CLAUDIA

24. Juni

Stich den Spargel nie mehr nach Johanni!

....

....

....

....

....

Diese Ansicht lebt vom Spiel der Abendsonne in den frischen Trieben der **Kugelbäume**; auf verwinkelten Wegen zwischen den Buchsbeeten kann man dem Rosenduft folgen. Auf recht kleiner Fläche wird hier viel Atmosphäre geboten. Wir sind im ummauerten Privatgarten von *Badminton House* in Gloucestershire. www.badmintonestate.co.uk

25. Juni

Soll gedeihen Korn und Wein,
muss im Juni Regen sein

Ein blühender Dschungel hinter einem Londoner Reihenhaus aus weißen Hortensien, Madonnenlilien, blühenden Hostas, Akelei, Rosen und vielem mehr. **Pflanzenleidenschaft** geht hier vor Repräsentation. Kleingarten-Designerin Ann Mollo hat diesen Erlebnisort erdacht. www.annmollogardens.co.uk

26. Juni

Wenn's im Juni viel regnet,
ist der Graswuchs gesegnet

Am 2. Januar haben wir den ähnlichen Blick von der elisabethanischen Balustrade von *Chatsworth House* über den Westgarten und den Park im Winterkleid gesehen. Jetzt ist durch die Blütenranken der **Kletterrose 'Seven Sister'** *(Rosa multiflora*-Hybride) und die Goldeibe fröhliche Farbe ins grüne Spiel gekommen. www.chatsworth.org

27. Juni

Wie das Wetter sich am Siebenschläfer verhält,
ist es sieben Wochen lang bestellt

@...

....

....

....

....@

Schmucklilien *(Agapanthus)* kann man gut in Kübeln halten, die je nach klimatischen Gegebenheiten im Innern überwintern müssen. In England sind Arten, deren Grün sich im Winter zurückzieht, winterhart. Ihr botanischer Name setzt sich aus den griechischen Worten „agape“ für Liebe und „anthos“ Blüte zusammen. Sie dekorieren hier den Sitzplatz auf der Terrasse vor der Orangerie von *Badminton House*. www.badmintonestate.co.uk

28. Juni

Im Juni viel Donner
bringt einen trüben Sommer

....

....

....

....

....

Hinter der Idylle dieses Country Gardens verbirgt sich die Geschichte der **Chelsea Pensioners.** Auf dem Grund ihres Royal Hospitals wird jährlich die *Chelsea Flower Show* abgehalten. Vor dem Eingang zur Show sammeln sie heute noch Spenden in ihrer roten Uniform, wie sie auf dem Schild zu sehen ist. Die Kriegsveteranen mögen sich an der Front nach solch einem altehrwürdigen Pub gesehnt haben, in dessen Garten neben Wildstauden auch Gemüse gezogen wird und auch noch Platz ist für ein Bier im Freien. Ein Entwurf von Julian Dowle, 2005. Zehn Goldmedaillen hat er hier schon gewonnen. www.chelsea-pensioners.org.uk www.juliandowle.co.uk

The
CHELSEA
PENSIONER

29. Juni

Peter und Paul hell und klar,
bringt ein gutes Jahr

....

....

....

....

....

Die Originalpläne von **Gertrude Jekyll** und **Thomas Mawson** für den Park und Garten von *Boveridge House* in Dorset aus den 1920er Jahren haben sich erhalten. Chris Beardshaw konnte ihn 2006 daher mit dem gemauerten Pavillon und dem Seerosenbecken davor, inklusive Gras in den Plattenfugen, rekonstruieren. Peter Dowle mit seinen Kollegen aus der Baumschule Howle Hill haben die Anlage verwirklicht. Siehe hierzu auch die Abbildung zum 10. Juni. www.boveridge.org www.howlehillnursery.co.uk/

30. Juni

Wenn kalt und nass der Juni war,
verdirbt er meist das ganze Jahr

Die Formen der steinernen Urnen und die Kugeln aus Buchs darin wirken wie gedrechselte **Schachfiguren**, das Hellblau der Irisblüten in den langen Beeten vor der Terrasse erinnert an Wasser eines Burggrabens. Mit diesem sonnigen Motiv aus *Badminton House* verlassen wir den Juni und hoffen, dass die heutige Bauernregel nicht in diesem Jahr zutrifft.

www.badmintonestate.co.uk

1. Juli

Juli recht heiß,
lohnt sich Mühe und Schweiß

....

....

....

....

....

Im Jahre 1510 errichtete die Familie Tolemache ein neues Herrenhaus, ***Helmington Hall*** in Suffolk, nördlich von Ipswich. Immer noch im Besitz der Familie, sind Haus, Garten und die noch viel ältere Kirche bis heute zu besichtigen. Auch die Anlage des ersten umzäunten Gartens – erst später wurde er fest ummauert – geht auf das 16. Jahrhundert zurück. Die Tunnels, hier mit Duftwicken und Bohnen bepflanzt, sind eine Spezialität der riesigen Garten- und Parkanlage. In den Sommermonaten sind Besucher außer Montag und Samstag am Nachmittag willkommen. www.helmingtonhall.com

2. Juli

Maria Heimsuch wird's bestellt,
wie's Wetter vierzig Tag sich hält
(Der Festtag wurde in den 1960er Jahren auf den 31. Mai verlegt)

....

....

....

....

....

Der Blick in einen **geheimen Privatgarten** ist immer spannend. Mit einem klassischen Rondell in der Mitte, eingefassten Beeten und festen Sitzbänken lädt dieser zum imaginären Rundgang ein. Der Blick aus der geöffneten Fassade des Reetdach-Stadels lohnt das ganze Jahr. Anders als bei einer naturnahen Gestaltung verändert sich hier nur das Innenleben der Beete, die Grundstruktur bleibt immer gleich, wie bei einem Teppichmuster.

3. Juli

*Fällt kein Tau im Julius,
Regen man erwarten muss*

'Lady of Shalott', so der Name dieser doppelt gefüllten, leicht nach Bratapfel und Gewürznelke duftenden Englischen Rose. Sie blüht mehrfach, ist sehr winterhart und bringt viele gefüllte Blüten in Büscheln hervor. Sie passt gut in einen Landhausgarten. Lady of Shalott lebte auf einer Flussinsel in der Nähe von Camelot, der Burg von König Artus. Ein Zauber verbot ihr, aus dem Fenster zu schauen, als sie aber Lancelot im Spiegel erblickt hatte, war es um sie geschehen: Aus Liebe zu ihm floh sie, ihr Kahn trieb in Richtung Camelot, doch je weiter sie sich von ihrer Insel entfernte, umso schwächer wurde sie und starb. Alfred Tennyson hat dies in einer Ballade festgehalten, und anlässlich seines 200. Geburtstags hat die Rose ihren Namen bekommen. www.davidaustinroses.com

4. Juli

Wenn's am Ulrichstag donnert,
fallen die Nüsse vom Baum

Kleine Buchswürfel, rüschende Hostablätter, Hortensienkugeln, Heckentürme und antikisierende Amphoren – wir sind in Sir Roy Strongs ***The Laskett Gardens*** in Herefordshire. Wie ein Bühnenbildner hat er die verschiedensten Gartenräume ausstaffiert – und wir Besucher werden zu den Schauspielern. Der Garten als Spektakel! Das Reglement erwartet aber Gruppen von mindestens 20 Personen, um dienstags und donnerstags nach Anmeldung „auftreten“ zu können. www.thelaskettgardens.co.uk

5. Juli

Was der Sommer nicht kocht,
wird der Herbst nicht braten

Im Dorf Edensor, Derbyshire, gleicht kein Haus dem anderen. Alle Stilrichtungen sind vertreten: von Tudor-Schornsteinen über jakobinische Giebel, georgianische Sockel, mittelalterliche Türme und italienische Renaissance-Fenster bis zu Schweizer Dachformen. Beim Bau dieser kleinen Ansiedlung ging es dem Architekten **John Robertson** in der ersten Hälfte des 19. Jahrhunderts um die pittoreske Idylle. Hinter der blauen Tür des ehemaligen Pfarrhauses im französisch angehauchten Renaissance-Stil hat die Duchess of Devonshire ihren Lebensabend verbracht, ein paar Minuten von *Chatsworth House* entfernt (siehe auch 22. Juni). In der kleinen Rabatte vor dem Haus wird dem Lieblingshund mit einer Plastik gedacht.

www.derbyshire-peakdistrict.co.uk/edensor.htm

6. Juli

Regnet's im Sommer kaum,
bleiben die Äpfel nicht am Baum

Alte Fahrradräder, ein Kinderwagengestell als Bankfuß, Strohmatten zur Abgrenzung und heimische Wildpflanzen: der unkomplizierte, preiswerte und kreative Gartenstil macht seit ein paar Jahren zunehmend auf sich aufmerksam. Sei es wie hier auf einer Gartenschau (Chelsea 2003), sei es in städtischen Gemeinschaftsgärten auf Brachlandflächen oder im Umfeld von ländlichen Rusticos. Der Trend geht einher mit wachsendem Umweltbewusstsein und dem Wunsch, nachhaltige Gärten für Viele anzulegen. Poz Marton und Deena Kestenbaum haben es hier vorgemacht.

www.telegraph.co.uk/gardening/3311427/We-just-had-to-have-a-go.html

waste
not

7. Juli

Wer im Juli sich regen tut,
sorget für den Winter gut

....

....

....

....

....

Ein weiterer Blick in Laskett Gardens (siehe hierzu auch 4. Juli). Wie mit Spielzeugbäumen und Puppenhausaccessoires haben Roy Strong und seine Frau Julia Trevelyan Oman die Gartenszenen – hier mit der **Sonnenuhr im Zentrum** – möbliert. So richtig Vergnügen macht dies nur, wenn man wie hier mehrere Gartenräume hintereinander gestalten kann, beim Durchwandern erst die Abwechslung erlebt. Auf einem kleinen Grundstück hinter dem Haus wäre eben nur eine Szene möglich, damit würde der Garten zum beständigen Bild, mit einem Blick immer zu erfassen.

8. Juli

An Sankt Kilian
säe Wicken und Rüben an

....

....

....

....

....

Die Gartenbuchautorin Diana Ross hat für sich diesen kleinen Londoner Garten – immerhin hat ein Eisenstuhl darin Platz – geschaffen. Wenn im Pflanzenbestand gerade Blühpause herrscht, kann man mit einem Topf blühender Lilien frischen Duft hineinbringen. Die schon oft beschriebene Pflanzenverliebtheit der Engländer wird auch in diesem Patchwork-Garten wieder spürbar. In ihrem Buch *Gardeners* hat sie zwanzig englische Gartenkoryphäen – von Beth Chatto bis Dan Pearson – besucht und versucht in Gesprächen dem Phänomen der Gartenbegeisterung auf die Spur zu kommen. Es ist leider nie auf Deutsch erschienen.

9. Juli

Wenn die Ameisen im Juli ihre Haufen höher machen, so folgt ein strenger Winter

....

....

....

....

....

Lavendel, Lavendel, Lavendel – richtig schön wird er erst in langen Reihen. Wie hier, wo sie den ummauerten Küchengartenweg begleiten und auch noch weiter aus dem Garten hinausführen. Man fühlt sich an die großen Lavendelfelder der Provence erinnert. Wir sind aber in Sussex im Stone House Hotel von Jane und Peter Dunn. Das klassische Landsitz-Hotel auf dem Weg vom Kanal nach London liegt ideal für Besuche des Glyndebourne Opernfestivals (Picknickkörbe werden hierzu delikat gefüllt) und der vielen Parks und Herrenhäuser in Sussex und Kent. Seit 1495 ist es in Familienbesitz. www.stonehousesussex.co.uk

10. Juli

Wenn sich die Sieben Brüder sonnen,
kommt sieben Wochen Wonnen

....

....

....

....

....

Im großen Gemüsegarten von *Chatsworth House* wird der in England begehrte **Bleichsellerie** angebaut. Damit die Stängel ihren hellgelben Farbton durch Lichtmangel bekommen und in der Länge gut zulegen, werden sie mit Blechrohren ummantelt. Die Blattstiele können bis zu einem Kilogramm wiegen. Mit dem Knollensellerie indes hat man hier im Küchengarten schlechte Erfahrungen gemacht, oft waren die Knollen zerfressen oder matschig geworden. Selbst einer 20-köpfigen Gartenmannschaft gelingt nicht alles! www.chatsworth.org

11. Juli

Was Du an einem Tag versäumest im Juli,
das schaffen im August nicht zehn Tage herbei

....

....

....

....

....

Meist nennt man sie **Geranien,** dabei gehören Pelargonien *(Pelargonium)* doch zur Familie der Storchschnabelgewächse *(Geraniaceae)*. Eigentlich sollten damit aber Storchschnäbel benannt werden, manchmal ist es mit den botanischen Namen ganz schön kompliziert.
Wer bei Geranien immer nur an die leuchtend roten Blütenberge vor alpinen Balkonen denkt, kann in England vielfältige Beispiele finden. So ist beispielsweise 'Grace Thomas' leicht violett und die Blätter duften nach Zitrone; 'Purpurella' mit weißem Rand an den purpurroten Blüten und mit weichen Blättern gehört zu den beliebtesten Englischen Pelargonien.

12. Juli

Den Sommertag schändet kein Donnerwetter

Das Kreischen der Pfauen gehört in vielen englischen Parks und großherrschaftlichen Gärten zur normalen Geräuschkulisse. Der **blaue Pfau** – die Blütenfarben wurden perfekt abgestimmt – gehört zur Ordnung der Hühnervögel und wird ebenso standorttreu als Haustier gehalten. Durch sein lautes Rufen übernimmt er auch Wächteraufgaben, indem er etwa vor Unwettern warnt. Sein Gehör- und Geruchssinn sind besonders fein entwickelt. Goethe spricht der Pfauenfeder göttliche Kräfte zu.

13. Juli

Auf einen nassen Sommer fürwahr,
folgt Teuerung im nächsten Jahr

....

....

....

....

....

Packwood House, Warwickshire, südöstlich von Birmingham, besitzt eine umfangreiche Sammlung flämischer Wandteppiche. Wie bei diesen aus den einzelnen Knoten ein Bild entsteht, setzen sich in den Rabatten die Blüten der Einjährigen zu Mustern zusammen. Auf die jahrhundertealten geschnittenen Büsche und Bäume im Park sollte man auch unbedingt einen Blick werfen. Und noch eine Attraktion: Als Queen Mary im August 1927 das Haus besuchte, konnte sie die Angenehmlichkeit eines direkt neben dem Schlafzimmer befindlichen Bads genießen und dabei 460 unterschiedliche Delfter Kachelmuster betrachten.

www.nationaltrust.org.uk/packwood-house/visitor-information

14. Juli

Was der Juli verbricht,
rettet der September nicht

Selbst das Moos in den Dachziegelrillen haben die Gartenbauer von Nature Redesigned bei diesem alten **Töpfergarten** auf der *Chelsea Flower Show* 2014 mit arrangiert. Der Entwurf möchte das hundertjährige Gedenken an den Moment hervorrufen, als der Töpfer zum Dienst im Ersten Weltkrieg eingezogen wurde und seine Werkstatt und sein Garten voller blühender heimischer Pflanzen zurückblieben. Der naturgetreue Aufbau hat eine Goldmedaille gewonnen.
www.natureredesigned.co.uk

15. Juli

Ist Apostelteilung schön,
so kann das Wetter der Sieben Brüder gehen

(10. Juli)

....

....

....

....

....

Fünf Meter hohe Buchenhecken umgeben den Ringteich von *Chatsworth House*, davor haben sich mittels Trimmhilfen geschnittene Eiben wie zum Ringelreihen versammelt. Ist dies noch perfekte Gartengestaltung oder schon **Land Art**? Mal beruhigt der Himmelsspiegel, mal rasen über die Wasserfläche Wolkenbilder. Gelegentlich überrascht ein Fontänenschwall aus der Mitte des Beckens. www.chatsworth.org

16. Juli

Im Juli will der Bauer lieber schwitzen
als untätig hinterm Ofen sitzen

Dekorativ aufgereiht warten die Buchskugeln in ihren Töpfen, um ihren endgültigen Standort im Garten zu finden. Solange kann man sich nicht auf die Bank mit ihrem schönen, im Rund gepflasterten Vorplatz setzen. Diese schmucke Situation konnte der Fotograf Gary Rogers vor vielen Jahren noch im ***Arrow Cottage Garden*** aufnehmen, der heute in dieser Form nicht mehr zu besuchen ist. Siehe auch die Kräutergartenbeete am 13. Juni.

17. Juli

Wenn's an Alexius regnet,
ist die Ernt' und Frucht gesegnet

....

....

....

....

....

Die knallige Blüte des Mohns haben wir am 1. Juni schon gesehen. Weniger spektakulär in der Farbe, dafür raffiniert in der Form stehen die Samenkapseln ein paar Wochen später auf der kunstvoll inszenierten **Wildblumenwiese** eines Landsitzes in Derbyshire. Mit ihren Dellen erinnern sie an Golfbälle, zum Abschlag bereit. Wer glaubt, mit dem Ausschütten einer bunten Samentüte sei auch eine blühende Wiese gesichert, sei gewarnt. Mal picken die Vögel die Samen auf, mal überwiegen die Unkräuter, mal siegen Weizenkörner oder Grassamen. Gelegentlich siegen auch nur Butterblumen. Meist sind die Gartenböden zu überdüngt für Wildblumenwiesen.

18. Juli

Nassen Sommer kann auch der Herbst nicht trocknen

....

....

....

....

....

„The borders are absolutely stunning", so hymnisch hat ein Besucher der Gartenanlage von *Packwood House,* Warwickshire, die **Rabatten** entlang des ummauerten Garten gelobt. Neben der gekonnten Staffelung nach Höhen und einer sehr lebendigen Farbauswahl überzeugen die Kletterrosen, die von oben herab noch den krönenden Abschluss liefern. Genauso stellt man sich englische Gartenkultur vor, gern werden diese Beete von Besuchern im Aquarell festgehalten, vielleicht probieren es manche Leserinnen und Leser ja auch mal vom Foto.
www.nationaltrust.org.uk/packwood-house/visitor-information

19. Juli

Vinzenz Sonnenschein,
füllt die Fässer mit Wein

....

....

....

....

....

Ein flammender Farbrausch in Rot, Orange und Gelb, dazu die Sitzecken in neutralem Aschegrau. Der Bodenbelag nimmt die Blütenfarbpalette wieder auf. Der lebendige, zeitgenössische Garten von **Janine Crimmins** wurde auf der *Tatton Park Flower Show* gezeigt – und passenderweise von der Feuerwehr in Winsford vor dem Hauptsitz der Cheshire Fire & Rescue Services wieder aufgebaut. Die junge Gartendesignerin Janine Crimmins legt Gärten in England und Frankreich an, die schon zahlreiche Auszeichnungen gewannen.

www.janinecrimmins.com

20. Juli

Margaretenregen
wird nach Monatsfrist sich legen

....

....

....

....

....

Der Garten von *Eastgrove Cottage* war über drei Jahrzehnte lang Anlaufpunkt für alle Freunde englischer Landhäuser und ihrer typischen Gärten. Am 29. Januar haben wir uns dort schon einmal die Sonnenuhr in der Staudenrabatte näher angesehen. Die **Staffelung** vom makellosen Rasen über die in den Blick gesetzte Goldeibe hin zum Staudenbeet und dann in die senkrechte Begrünung der Fassade ist zeitloses Vorbild für angenehme und vielerlei nutzbare Hausgärten.

21. Juli

Im Juli warmer Sonnenschein,
macht alle Früchte reif und fein

Das flach abgestufte Wasserbassin dient der **Kontemplation**. Eine schmale Wasserrinne bringt auf der rechten Seite das Wasser hinein, links wird es in eine andere geführt, um in weiteren schmalen Kanälen durch den Garten zu fließen. Die Steinsetzung erinnert an japanische Zen-Gärten. Am 6. Mai haben wir den Schaugarten von Luciano Giubbilei schon einmal in der anderen, viel lebhafteren Richtung betrachtet. Ein gutes Mittel der Gartengestaltung: von unterschiedlichen Blickwinkeln oder beim Durchwandern sollten sich neue Wirkungen ergeben. www.lucianogiubbilei.com

22. Juli

An Magdalena regnet's gern,
da sie weinte um den Herrn

....

....

....

....

....

Der Rosengarten von *Chatsworth House* wurde in dieser Form erst 1939 angelegt, die Steinsäulen sind Relikte einer wesentlich größeren Säulensammlung, die der hier vordem bestehende Französische Garten beherbergte. Die Rose **'Seagull'** umrankt diese Stelen wirkungsvoll. Vor der wärmespeichernden Fassade des alten Gewächshauses wachsen Stachelbeeren, und eine streng geschnittene Eibenhecke umgibt den Garten ringsum. www.chatsworth.org

23. Juli

Klar muss Apollinaris sein,
dann bringt man gute Ernte heim

....

....

....

....

....

Die Blüten der **Taglilien** oder *daylilies* erfreuen – wie es der Name sagt – nur einen Tag. Auch der botanische Namen *Hemerocallis*, zusammengesetzt aus den griechischen Worten für Tag und Schönheit, beschreiben den kurzen, aber intensiven Genuss. Da jede Pflanze jedoch zahlreiche Blüten ausbildet, dauert das Vergnügen doch einige Sommerwochen lang. In China werden manche Sorten wegen ihrer essbaren getrockneten Blüten und ihres kräftigen Laubs, das zum Dachdecken geeignet ist, seit alters her geschätzt. Das Foto wurde in Herefordshire aufgenommen, im nicht mehr in dieser Form existierenden Garten von Arrow Cottage.

24. Juli

Was die Hundstage (23. Juli bis 24. August) *gießen,*
muss die Traube büßen

....

....

....

....

....

Im Rahmen des wohltätigen *National Garden Scheme (NGS)* öffnet auch das Luxushotel *Barnsley House* seinen großen, von **Rosemary Verey** entworfenen Garten für Neugierige, also ohne dass man dort übernachten oder dinieren müsste (oder dürfte). Den Blick über die Stauden hin zum Eibengang auf das Herrenhaus hat Gary Rogers im späteren Sommer aufgenommen. Diese begehrten Öffnungszeiten und Aktuelles vom Headgardener Richard Gatenby, der auch den Eiben inzwischen eine abgeplattete Form gegeben hat, findet man auf der Website. www.barnsleyhouse.com

25. Juli

Sind an Jakobi die Tage warm,
gibt's im Winter viel Kält' und Harm

....

....

....

....

....

Das Seerosenbecken von ***Knight Hayes Garden,*** Devon, mit seiner Heckeneinrahmung wie aus dem Baukasten ist eine der vielen Attraktionen dieses unbedingt besuchenswerten Gartens, besser Parks. Der große, wieder hergestellte Küchengarten liefert alle frischen Produkte für das hauseigene Restaurant im imposanten Stall des neugotischen Herrenhauses, das mit mittelalterlich anmutenden Gargoyles, also Wasserspeiern in furchterregenden Tierformen, aufwartet.
Have a break: eine Teeterrasse in einem stattlichen Glashaus lädt dazu ein.
www.nationaltrust.org.uk/knightshayes

26. Juli

Ist Sankt Anna erst vorbei,
kommt der Morgen kühl herbei

....

....

....

....

....

Kurvige Wege und geschwungene Hecken verlängern den Gang zur alten Holzbank und somit den **Gartengenuss**. Auch die Regeln des Feng-Shui empfehlen eine solche Wegeführung. Im inzwischen aufgegebenen Garten von Eastgrove Cottage hatten Carol und Malcolm Skinner bei Shrawley, Worcester, Edeldisteln, Frauenmantel, Blauraute und manche Staude gekonnt aufeinander abgestimmt. Das Grün in den Fugen des Backsteinwegs durfte natürlich wachsen …

27. Juli

Ein tüchtiges Juligewitter
ist gut für Winzer und Schnitter

@...

....

....

....

....@

Umfangreiche Baumfällungen oder Heckenrodungsarbeiten („auf den Stock setzen“) sind vom 1. März bis zum 30. September verboten, um die Vogelbrut und andere Tiere zu schützen. **Heckenpflegeschnitt,** der nur den Jahreszuwachs betrifft, also die äußeren Partien, ist jedoch gestattet. In *Broxwood Court*, Herefordshire, das durch seine streng geschnittenen Heckenformen und sein Arboretum geprägt ist, sind die Gärtner im Einsatz.
http://htt.herefordshire.gov.uk/smrSearch/Monuments/Monument_Item.aspx?ID=21261

28. Juli

Hundsstern, Freund des Sirius,
der bringt den Schweiß so recht in Fluss

Ein weiterer Blick in die vielen verschiedenen Gartenräume des **Sir Roy Strong** in seinen *The Laskett Gardens*, südlich von Hereford. Zuletzt waren wir am 4. Juli dort. Der rosa Farbton der Wegeplatten und der zerbrochenen Kacheln um das runde Beet sowie der Kletterrosen hüllen den Besucher ein. Der exzellente Gartengestalter ließ sich auch gern in elisabethanischen Kostümen fotografieren, die genau zu seinem historisierenden Gartenstil passen.
www.thelaskettgardens.co.uk

29. Juli

Wie's an Agathe (5. Februar) *wettert,*
das weiß heute die Martha

Wie am Vortag sind wir noch in *The Laskett Gardens,* diesmal im nur in Grüntönen gehaltenen **Knotengarten** vor dem Haus. Die strenge Symmetrie der Fassade wird im Design dieses Gartenraums weiter gespielt, ganz im Stile italienischer Villengärten. Kaum zu glauben, dass Sir Roy Strong und seine Frau Julia Trevelyan Oman erst 1973 mit der Anlage des Gartens aus dem Nichts begannen.

PAX·INTRANTIBVS

30. Juli

Wenn die Schwalben schon Ende Juli ziehen,
sie vor baldiger Kälte fliehen

Lupinen, deren Samen auch in Lebensmitteln als Sojaersatz vorkommen und bei Allergikern zu Problemen führen können, kündigen farbenfroh den nahenden Sommer an. Manche blühen unermüdlich bis in den November hinein. Die Russel-Hybrid-Lupinen vor dem ehemaligen Großen Gewächshaus von *Chatsworth House* beginnen schon im Mai und werden für Laien wie Profis zum beliebten Fotomotiv. www.chatsworth.org

31. Juli

So wie Ignaz stellt sich ein,
wird der nächste Januar sein

@...

....

....

....

....@

Amphoren – sehen sie nun nur alt aus oder sind es wirklich alte Stücke – bringen mediterrane Stimmung in nördliche Gärten. Um Olivenbäume dort überwintern zu können, bedarf es klimatischer Hilfestellungen, denn weniger als minus 10 Grad vertragen sie nicht, auch nicht kurzzeitig. Fachleute können genaue Auskunft je nach Standort und Kleinklimasituation geben: www.meine-orangerie.de/olivenbaeume-ueberwintern Diese handgefertigten und frostfesten Urnen, Töpfe und Amphoren wurden 2014 auf der *Chelsea Flower Show* von der Firma Distinctive Garden angeboten. www.distinctivegarden.co.uk

1. August

An Petri Kettenfeier von diesem Ort
ziehen bald die Störche fort

....

....

....

....

....

Ab Juli bis in den August blüht der **Lavendel** in England. In allen klassischen Eau de Toilette-Serien wird das Lavendelöl angeboten, aber auch kandiert sind die Blüten eine Köstlichkeit. Die Blätter werden als Gewürz in Suppen, Eintöpfen und Desserts verwendet. Und wunderschön ist er natürlich auch. Die bekannte Kräuterfarm von Jekka McVicar bietet ihn in vielen Sorten an. *Lavandula* 'Willow Vale' zum Beispiel ist frosthart, hat immergrünes Laub und wird etwa 60 Zentimeter hoch. Die kurzen Blätter sind sehr aromatisch, und wenn er einen sonnigen, sandigen Standort hat, gedeiht er wunderbar. www.jekkasherbfarm.com

2. August

Fängt der August mit Regen an,
es bis zum End nicht lassen kann

@...

....

....

....

....@

Ganze Lavendelfelder mit Bienenstöcken erwartet man eher in der Provence als in England. In viktorianischer Zeit waren Felder um London ein begehrtes Anbaugebiet, um die Transportwege kurz zu halten. Heute gibt es Anlagen in den Cotswolds, auf der Insel Jersey oder wie hier in der ***Norfolk Lavender Farm,*** nordöstlich von King's Lynn, unweit der Küste. Dort kann man ab dem 11. Juli bei Führungen den kompletten Destillationsvorgang miterleben und natürlich sämtliche Lavendel-Produkte und Lavendel-Pflanzen für Zuhause erwerben.
www.norfolk-lavender.co.uk

3. August

Augustregen wirkt wie Gift,
wenn er die reifen Trauben trifft

Die Parkanlage von *Chatsworth House* folgt den Linien, wie sie 1850 vom sechsten Herzog von Cavendish angelegt wurden. Die **Promenaden** sind zwar immer noch eindrucksvoll, doch heute wünscht man sich abwechslungsreiche Gartenzimmer, die mehr Unterhaltung bieten, größere Pflanzenfreude und mehr ökologischen Lebensraum. Auf dem riesigen Areal in Derbyshire findet man beides! www.chatsworth.org

4. August

Hitze an Sankt Dominikus,
ein strenger Winter kommen muss

Echinacea purpurea 'Magnus' blüht von Juli bis September. Es gibt die Purpursonnenhüte in vielen Sorten, manchen werden heilende Kräfte zugesagt, die wissenschaftliche Forschungen jedoch nicht immer bestätigen können. Sicher ist jedoch, dass diese Dauerblüher sich positiv aufs Gemüt auswirken. Da sie auch in kleinsten Gärten beeindrucken, hat sie Elysium Design aus Clitheroe, Lancashire, für einen winzigen, pflegeleichten Schaugarten für die *Tatton Park Show* 2006 ausgewählt. www.elysiumdesign.uk.com

5. August

Zu Oswald
wächst die Rübe bald

....

....

....

....

....

Die Besitzer alter Landhäuser bieten in England oft preisgünstige ***Bed and Breakfast*** Übernachtungen an, so auch Jeremy und Tessa Plumber in ihrem *Rose Cottage,* Oak Hall in Woonton, Herfordshire. Blühendes im Vorgarten gehört hier einfach dazu. Unweit der Grenze zu Wales bieten sich Ausflüge in malerische Dörfer an, Golfplätze sind ebenso vorhanden wie zahlreiche Apfelgärten für einen ausgezeichneten Cider, und geangelt wird hier auch gern.
Allgemeine Informationen unter: www.bed-breakfast.de

6. August

Ist's in der ersten Augustwoche heiß,
bleibt der Winter lange weiß

....

....

....

....

....

Fuchsien werden in England gern in Kästen gepflanzt, da wirkt die Geranie gleich als aufdringliche Schwester. Das alte Landhaus-Hotel ***The Hundred House*** in Norton, Shropshire verbirgt dahinter einen abwechslungsreichen Garten, der zu den „geheimen Sehenswürdigkeiten Englands" gekürt wurde. Antik eingerichtete Zimmer in mutigen Farben und eine ambitionierte Küche, die vieles aus dem eigenen Anbau verwendet, laden ein. In der Nähe ist die erste Eisenbrücke der Welt, Gorge, aus dem Jahr 1779 von Abraham Darby zu bewundern, die zum Weltkulturerbe gehört. www.hundredhouse.co.uk

7. August

Sankt Afra im Regen
kommt dem Bauern ungelegen

....

....

....

....

....

Irrgärten sind in England schon lange beliebt, erfunden wurden sie wohl in Italien in der späten Renaissancezeit. Dieser hier aus Eibenhecken entstand in den 1960er Jahren auf der ehemaligen Fläche eines Tennisplatzes. In der Mitte bildet eine Weidenblättrige Birne *(Pyrus salicifolia* 'Pendula') das Ziel. Im Hintergrund alte Lawson-Zypressen. Dank der erhöhten Terrasse davor kann man Umherirrende leicht finden. www.chatsworth.org

8. August

*Im August beim ersten Regen
pflegt die Hitze sich zu legen*

Wenn man das eigene **Gemüse und Obst** so pflanzt, dass es zur Augenweide wird, dann macht das Lust aufs Landleben, auch wenn der Garten in der Stadt liegt. Dass dies auch auf relativ kleiner Fläche möglich ist, hat der Gartengestalter Roger Hughes mit dieser Anlage 2004 im *Tatton Park* bewiesen. Eine Mauer fasst ihn ein, schützt vor Wind, ungebetenen Gästen und lässt dennoch den Durchblick zu. Ein geschwungener Pflasterweg führt hindurch bis zu einem kleinen Pavillon am Ende, der aus Spalieren geformt wurde. Dazwischen erleichtern Steinpfade die Gartenarbeit. www.stonemarket.co.uk

9. August

Im August Wind aus Nord
bläst unbeständiges Wetter fort

Kosmeen blühen vom Sommer bis in den Herbst, es gibt sie in 26 Arten und vielen Züchtungen. Ihre Heimat ist Mexiko, weshalb sie im Englischen den Namen „*Mexican Aster*" tragen, da klingt unser „Schmuckkörbchen" doch viel netter. Leider können sie bei uns nicht überwintern. Zum Füllen, während andere Stauden gerade Pause haben, werden sie gern in Rabatten eingesetzt. Morgen mehr dazu.

10. August

Laurenzi gut,
einen schönen Herbst verheißen tut

Im kleinen Senkgarten von *Chenies Manor*, Buckinghamshire, mit der Sonnenuhr im Zentrum, spielen die Kosmeen die fröhliche Hauptrolle. Die Gartenbesitzerin Elizabeth Macleod-Matthews legt Wert darauf, dass der **Sommergarten** unterschiedlichsten Temperamenten gerecht wird. Ruhebedürftige, Erlebnishungrige, Duftsüchtige, Farbfanatiker – alle finden einen entsprechenden Gartenteil in ihrem prämierten Paradies. www.cheniesmanorhouse.co.uk

11. August

Bringt der August viel Gewitter,
wird der Winter kalt und bitter

....

....

....

....

....

Ein Meer aus Hainbuchenhecken, so etwas kann man in ***The Lasket Gardens,*** Herefordshire, erleben. Schon mehrfach – zuletzt am 28. Juli – konnten wir in die einzelnen Gartenräume blicken, die sich der geniale Gartenkünstler Sir Roy Strong mit seiner Frau Julia Trevelyan Oman hier hat einfallen lassen. Nach 30 Jahren Gartenleben war 2003 eine gründliche Renovierung angesagt, um den heutigen perfekten Zustand wieder zu erlangen. Die beiden Gärtner Philip Teague und Shaun Cadman kümmern sich vier Tage die Woche darum.
www.thelaskettgardens.co.uk

12. August

Nasser August
macht teure Kost

....

....

....

....

....

Mit schweren hölzernen Schubkarren hat man in den 1950er Jahren noch hantiert, die Gießkannen waren noch nicht aus quietschgrünem Kunststoff. Mit so einfachen Mitteln kann man sich in andere Zeiten versetzt fühlen. Die *Daily Mail* hat 2007 auf der Hampton Court Flowershow mehrere Gärten zu einem Ensemble entwerfen lassen, die auf die Erlebnisse der **Familie Larkin** anspielen. Der englische Schriftsteller Herbert Ernest Bates (1905–1974) hat sie in seinem Roman *The Darling Buds of May*, auf Deutsch *Wo Milch und Whisky fließen – vom heiteren Landleben der Familie Larkin*, 1958 aufleben lassen. So üppig soll es seinen Schilderungen nach vor ihrem Gewächshaus zugegangen sein. Leider ist das Buch derzeit nur noch antiquarisch zu haben.

13. August

Wie das Wetter an Hippolyt,
so es mehrere Tage geschieht

....

....

....

....

....

Wilder Wein, der sich im Herbst in flammendes Rotgelb hüllen wird, ist eine wunderbare Fassadenverkleidung. Die Färbung ist jedoch jedes Jahr unterschiedlich intensiv und dauert auch ganz verschieden lang. Die Hafttriebe können an einem intakten Mauerwerk keinen Schaden anrichten. Obacht muss man jedoch geben, wenn die Ausläufer unter die Dachziegeln kriechen. *Badminton House* – wir blicken hier auf ein Nebengebäude auf der Eingangsseite – vermietet Räume und ganze Häuser für besondere Anlässe. Der Süden Gloucestershires ist für Gartenbesuche ein idealer Ausgangspunkt. www.badmintonestate.co.uk

14. August

Leuchten vor Maria Himmelfahrt die Sterne,
dann halt sich das Wetter gerne

Orientalische Lilien, hier 'Goldbrand', blühen im späteren Sommer und beeindrucken schon durch ihren Duft, bevor man sie überhaupt gesehen hat. Im Garten von *Chatsworth House* werden sie und auch die ganz weiße Königslilie *(Lilium regale* 'Album') mit der weißen Strauchrose 'Schneewittchen' zu hellblauen Riesen-Glockenblumen und kräftig blau-violettem Rittersporn kombiniert. Ein Rausch aus Farben, Düften und Blütenformen.

15. August

Wie das Wetter am Himmelfahrtstag,
so es noch zwei Wochen bleiben mag

....

....

....

....

....

Marie Antoinette hat sich Ende des 18. Jahrhunderts ganz nach Jean-Jacques Rousseaus Philosophien vom erfüllten Leben nah der Natur das Hameau de la Reine, den Weiler der Königin, abseits im Park von Versailles erbauen lassen. Gelegentlich flüchtete sie sich von der steifen Hofetikette dorthin ins einfache Landleben. Ganz ähnlich zog sich die Duchesse of Devonshire unter den Reetdachschirm des kleinen Pavillons hinter dem alten Pfarrhaus von Edensor zurück, der ländlich inszenierten **Dorfidylle** aus den 1830er Jahren, die vollkommen im Gegensatz zum großartigen Landsitz und Park von Chatsworth steht (siehe auch 5. Juli).

www.derbyshire-peakdistrict.co.uk/edensor.htm www.chatsworth.org

16. August

Wenn Sankt Rochus übel schaut,
kommen Raupen in das Kraut

....

....

....

....

....

Die Sonnenbraut *(Helenium)* wird dank ihrer spätsommerlichen Blühfreudigkeit in vielen Cottage-Gärten geschätzt und gern mit anderen gelb und orange blühenden Einjährigen und Stauden zu imposanten, feurigen Rabatten, den ***hot borders,*** arrangiert. Goldrute *(Solidago)*, Afrikanische Ringelblume *(Calendula)*, Riesen-Monbretien *(Crocosmia paniculata)* oder auch Bronzefenchel *(Foeniculum vulgare* 'Bronze') sind effektvolle Begleiter.

17. August

Blieb Wärme im August in der Ferne,
der September bringt sie nicht gerne

Das Rondell vor ***Broxwoodcourt***, Herefordshire, ordnet die Spazierwege und ist ein Farbtupfer im Grün des parkartigen Geländes rund um das Herrenhaus, das aber erst in den 1950er Jahren erbaut wurde. Wegen seiner Säulenterrasse wirkt es viel älter und passt gut zur umgebenden Architektur mit Kirche, Pfarrhaus und Wirtschaftsgebäuden. www.broxwoodcourt.co.uk

18. August

Holz, am Agapitustag geschlagen,
fault nicht bis zum Jüngsten Tage

Spätsommerliche Abendstimmung im Staudenbeet rund um den kleinen Schalenbrunnen. Noch blühen das Patagonische Eisenkraut *(Verbena bonariensis)* und Phlox in dieser **naturnahen Rabatte,** die Fay und Roger Oates bei ihrem Showroom *The Long Barn* in Eastnor, Herefordshire, angelegt haben. Die Firma Roger Oates ist bekannt für ihre handgefertigten Stoffe und Teppiche. Hier auf dem Land können sie neue Ideen entwickeln und Kunden ohne Londoner Hektik beraten. www.rogeroates.com

19. August

Dem August sind Donner nicht Schande,
sie nutzen der Luft und dem Lande

....

....

....

....

....

Wisterien können im Juli/August ein zweites Mal blühen und mit ihren ausufernden Trieben alles beranken, was ihnen gerade Halt bietet. Die alte steinerne Sitzgruppe im Park der Duchess of Devonshire wird hier von den Blüten und Farnwedeln in Besitz genommen. Ist dies der Trend des blühenden Shabby Chic oder hatte der Fotograf das Glück, vor der ordnenden Hand der Gärtner die Aufnahme machen zu können?

20. August

Was der August nicht kocht,
kein September mehr vermocht

....

....

....

....

....

Knautia macedonia ist der botanische Name der Witwenblume, die von Juni bis September mit blutroten Blüten beeindruckt. Acht bis zehn Stauden auf einem Quadratmeter schaffen ein faszinierendes Windspiel aus tanzenden Blüten am langen Stängel. Der Boden sollte möglichst humushaltig sein, volle Sonne mag die Witwenblume gern. Da sie gut winterhart ist, kann man sich viele Jahre an ihr erfreuen. Im milden England sowieso, wie hier im *Tatton Park* bei Knutsford, in Ost-Cheshire, unweit des Flughafens von Manchester.

21. August

Trübe Aussicht an den Hundstagen,
trübe Aussicht das restliche Jahr

(Hundstage: 24. Juli bis 23. August)

....

....

....

....

....

Dieser farbenfrohe Garten ist ein Paradebeispiel für die Belebung der englischen Gärten, die an den vielen **Kanälen** im Lande, selbst in London, liegen. Die Schrifttafeln ganz im Hintergrund stammen von den traditionellen schmalen und flachen Hausbooten, die unter den Brücken gerade so durchkommen. Peter Hogan und Frank Hardy haben den Garten zusammen mit Studenten des Pershore College of Horticulture für den Sunday Express entworfen, der damit schon vor 20 Jahren auf der *Chelsea Flower Show* auf den Trend naturnaher Gärten mit heimischen Pflanzen aufmerksam gemacht hat.

1895

22. August

Im August blüht der Schnee für den nächsten Winter, wenn weiße Wolken ziehn

Manche haben es vielleicht schon erraten, wir werfen heute wieder den Blick in ein weiteres Gartenzimmer in *The Laskett Gardens*. Formschnitte und Amphoren, Skulpturen und Einfassungen aus Storchschnabel bringen die **Atmosphäre italienischer Villengärten** nach Herefordshire. Man mag zwar noch nicht dran denken, aber auch mit leichtem Schnee oder Raureif bleibt der Garten durch seine winterharten Gehölze und baulichen Accessoires faszinierend wie ein überdimensionales Schachspiel. www.thelaskettgardens.co.uk

23. August

Je dicker die Regentropfen im August,
je dicker wird auch der Most

....

....

....

....

....

Ende August machen gelbe und orange Farbtöne der blühenden Stauden darauf aufmerksam, dass der Herbst nicht mehr weit ist. Das kleine Eastgrove Cottage, Worcestershire, aus dem 17. Jahrhundert, ist halb **Fachwerkhaus**, halb Ziegelbau. Auch zu dieser Jahreszeit war es ein beliebtes Ausflugsziel. Heute ist es leider für Besucher nicht mehr geöffnet.

24. August

Bleiben die Störche noch nach Bartholomä,
so kommt ein Winter, der tut nicht weh

....

....

....

....

....

Drei Ebenen bestimmen den Blick durch eine der Alleen in *Bryan's Ground Garden*: der Fond des glatten Rasenwegs, darüber die verschieden Grüntöne des üppigen Frauenmantels *(Alchemilla mollis),* einen Langzeitblüher vom späten Frühjahr bis in den Herbst, und darüber die leichten Baumkronen über freiem Stamm. Um solche Entwürfe angemessen zur Wirkung kommen zu lassen, bedarf es riesiger Flächen. Die gesamte Anlage im Plan ist zu sehen auf der Website www.bryansground.co.uk, Link Garden Plan.

25. August

Der August muss Hitze haben,
sonst Obstbaumsegen kannst' begraben

Das japanische Brettspiel Go scheint mit schwarzen und weißen Spielsteinen auf der Sitzbank angedeutet zu sein. Doch eigentlich möchte der Gartenentwurf an die Zeiten der **römischen Herrschaft** in Yorkshire erinnern. Moose als eine der ältesten Pflanzen überhaupt bringen den Aspekt Zeit mit in die Gestaltung. Die Form der Sitzbank erinnert an römisches Mobiliar.
So hat sich die Stadt Leeds auf der *Chelsea Flower Show* im Jahr 2007 präsentiert.

26. August

Wenn im März die Veilchen blühn,
an Ludwig (26.8.) *meist die Schwalben ziehn*

....

....

....

....

....

Ein ganzes **Cottage aus Pflanzen**, auf diese Idee kann man wohl nur in England kommen: Im Untergeschoss das Wohnzimmer, die Mauern aus Buchsbaum, gefüllt mit Dahlien, der Tisch und die Stühle aus Liguster, die Tischdecke im Begonien-Muster, im Hintergrund der Kamin aus goldenem Liguster. Die Treppe aus Eiben führt ins Obergeschoss, wo ein Himmelbett aus Efeu (über einem Eisengestell) wartet, der Toilettentisch aus Liguster wird vom Spiegel aus Efeu ergänzt, und auf dem Boden liegt ein duftender Thymian-Teppich. Entdecken kann man dieses skurrile Ensemble im Park von *Chatsworth House.* www.chatsworth.org

27. August

*Der Tau tut dem August so not
wie jedermann das täglich Brot*

....

....

....

....

....

'Teatime' heißt die Dahlie, die vor den Herbstastern leuchtet. Die Tasse Tee gehört in England zu allen möglichen Gelegenheiten dazu, und die strenge „Höchstens-zweieinhalb-Minuten-Ziehenlassen-Regel" gilt hier nicht. Der Tee bleibt in der Kanne, das Getränk wird von Tasse zu Tasse dunkler, und deshalb wird gelegentlich Wasser nachgeschüttet. Sandwiches, Scones (Gebäck mit fetter Sahne und Erdbeermarmelade), auch ein Glas Champagner gehören zum gepflegten Afternoon Tea, wie er etwa im Restaurant „The Wolseley" im Londoner Stadtteil Mayfair gleich neben dem Hotel Ritz in altehrwürdiger Marmorpracht zelebriert wird. www.thewolseley.com

28. August

*Um Augustin
zieht die Wärme dahin*

Der Kräutergarten des ***Mallory Court Hotels,*** klassisch gestaltet mit Wegekreuz und eingefassten Beeten, gibt nur einen ungefähren Vorgeschmack von der Angenehmlichkeit dieses Landhaus-Hotels in Royal Leamington Spa, Warwickshire, südlich von Coventry. Von hier aus kann man die Compton Verney Art Gallery und ihren riesigen Park besuchen oder die hinter Hecken verborgenen viktorianischen Gärten von Warwick's Hill, wohin sich Städter am Wochenende einst zurückzogen.

www.mallory.co.uk www.comptonverney.org.uk www.hillclosegardens.com

29. August

Wenn's am Tag Johanni Enthauptung regnet, verderben die Nüsse

....

....

....

....

....

Englischer Wein gedeiht unter Glas ganz wunderbar. Große Trauben der weißen Sorte 'Muscat of Alexandria' haben die früher hier gezogenen Orchideen verdrängt. Bis zu einer Höhe von fünf Metern werden die früchtetragenden Ranken an horizontal gespannten Drähten geführt, sodass sich ein Baldachin voller Trauben ergibt. Obstbäume in großen Gewächshäusern, wie etwa im Rothschild-Paradiesgarten Eythrope, liefern hervorragende Kirschen, Pfirsiche und Feigen. http://www.parksandgardens.org/places-and-people/site/1283

30. August

Bischof Felix zeiget an,
was wir 40 Tag für Wetter han

Dahlien, Rosen, Zwiebelblumen wie Tulpen oder Narzissen, viele Stauden und auch Wicken setzen nach der Blüte Samen an. Wenn man die welken Blüten sofort abschneidet, kommt es oft bis in den Herbst hinein zu einer reichen **Nachblüte**. Das wilde Aussamen von Sommerblumen oder Stauden, das so manchen Gärtner in seinem Gestaltungswillen stört, wird dadurch obendrein vermieden, macht aber Arbeit.

31. August

Sankt Raimund treibt die Unwetter fort

Die Dahlie 'Coltness Gem' wurde 1922 gezüchtet. Ein Gärtner behauptete fälschlicherweise, dieses Foto zeige sie. Bei der Suche nach der richtigen Sorte bin ich auf die faszinierende Website der *National Dahlia Collection* gestoßen, und nach 1530 Klicks habe ich 'Happy Single Julie', 'Little Dorit' und 'Princess Marie Jose' in die engere Wahl genommen. Vielleicht kennt eine der Leserinnen oder ein Leser diese hübsche einfache Blüte? Die Dahliengärten der *National Collection*, Varfell Farm in Longrock, Cornwall, öffnen ab August eines jeden Jahres. Bestellen kann man dort aus dem riesigen Angebot. www.national-dahlia-collection.co.uk

1. September

Ist Ägidi ein heller Tag,
ich Dir schönen Herbst ansag

Ein blühendes Gärtchen mit Platz für die Tasse Tee, eine Hütte zum Unterstellen bei den fast täglichen kurzen Schauern, so sieht es hinter unzähligen Reihenhäusern oder den beliebten Kleingartenanlagen an Bahngleisen in England aus. Auf einem Stich aus dem 18. Jahrhundert sieht man Birmingham umgeben von Kleingärten. Anfang des 19. Jahrhunderts mit der fortschreitenden Industrialisierung wurde dort durch ein Gesetz die Verpachtung von Land zur Linderung von Hungersnöten und Armut geregelt. Wer sich weiter für die Geschichte und das heutige Leben in diesen ***Allotments*** interessiert, wird hier fündig: www.nsalg.org.uk/about-us. Seine Königliche Hoheit, der Prince of Wales, hat 2011 die Schirmherrschaft dieser National Allotment Society NSALG übernommen.

The Harebell TeaShop
CLOSED

2. September

Am Septemberregen
ist dem Bauer viel gelegen

Der neugotische Landsitz von ***Knight Hayes*** in Devon kann das ganze Jahr über besucht werden, und sowohl das Haus selbst als auch der Park sind ein lohnendes Ziel. Als Besonderheit werden auch Volontariate für alle möglichen Hilfen drinnen wie draußen angeboten. So kann man beispielsweise eine Wildblumenwiese mit anlegen helfen oder Führungen durch die Räume abhalten. Sicher eine einzigartige Erfahrung für neugierige Menschen jeden Alters. Das Seerosenbecken wird von den wie aus Bausteinen gestapelten Eibenhecken gerahmt. Der Rasen wurde passend in runden Bahnen gemäht, um die grafische Struktur noch zu steigern. Natürlich gibt es einen Shop, Pflanzen-Raritäten-Verkauf und ein gemütliches Café.
www.nationaltrust.org.uk/knightshayes/

3. September

September schön in den ersten Tagen,
will den ganzen Herbst ansagen

Symmetrisch inszeniert führt der Weg auf das stattliche Glashaus zu, das auf einem Steinsockel ruht. Auf den Gartenshows stellen die Hersteller immer gern ihre Produkte aus, so überzeugen sie am besten die interessierten Pflanzenfreunde. Bei jedem Wetter ist der Aufenthalt in diesen **Pavillons** ein Erlebnis. Bei uns sind die historisierenden Formen, die jeden Garten sogleich ins Nostalgische lenken, leider noch wenig verbreitet, oft siegen hier doch pflegeleichtes Alu und preiswerte Doppelstegplatten – praktisch, aber nicht schön.
www.marston-and-langinger.com

4. September

Sankt Rosal
treibt's Vieh ins Tal

....

....

....

....

....

Die Freude am geschnittenen Buchs hat sich unverändert gehalten, gerade auch wenn die Anlagen klein und modern sein sollen. Die unterschiedlichen **Blattstrukturen** und ein winziger blinkender Wasserspiegel machen den Reiz dieser Gestaltung aus. Der Gartendesigner Christopher Bradley-Hole hat ihn für die Chelsea Flower Show 2013 erdacht und wollte damit die englische Landschaft, japanische Meditation und abstrakte Kunst vereinen. Ein Merkspruch sei den mit einer Schere allzu rasch Hantierenden mitgegeben: „*A halfed leaf is an ugly leaf*“. Also immer schön den Trieb oberhalb eines Blattansatzes sauber abschneiden! www.christopherbradley-hole.co.uk

5. September

Ist der September lind,
ist der Winter ein Kind

Vor der Terrasse von *Barnsley House* breiten sich zwei unterschiedliche Knotenbeete aus, begleitet von einer kleinen Sonnenuhr. Rosemary Verey, die auch Gärten für Elton John oder Prince Charles und den botanischen Garten von New York entworfen hat, hat in Barnsley House 1950 begonnen, den Garten neu zu gestalten. Die Kunst beim **Knotengarten** liegt darin, unterschiedliche Pflanzen so zu setzen, dass sie sich über- und untereinander zu verflechten scheinen. Es dauert seine Zeit, bis sich das Gebilde wie ein Teppichmuster ausbreitet. www.barnsleyhouse.com

6. September

Wie das Wetter am Magnustag,
so es vier Wochen bleiben mag

....

....

....

....

....

Zum Thron wird hier die einfache Sitzbank durch die erhöhte Lage und das abwechslungsreiche **Spalierornament**. Logisch, dass sich an diesem feinen Ort die Katze putzt. Wir sind noch einmal in *Bryan's Ground*, dem Garten von David Wheeler und Simon Dorrell. Eine so weitläufige und ideenreich konzipierte Gartenschöpfung am Fluss Lugg zur Grenze nach Wales kann man immer wieder besuchen, um die unterschiedlichen Aspekte der Jahreszeiten zu betrachten. www.bryansground.co.uk

7. September

Regina warm und sonnig,
bleibt das Wetter lange wonnig

Lesley Bremness ist Kräuterexpertin und hat schon viel dazu veröffentlicht und TV-Sendungen moderiert. Neben der heilenden Wirkung der Kräuter und ihrer sinnvollen Verwendung in der Küche ist es ihr ein Anliegen, das chinesische Wissen um diese Heilpflanzen im Westen bekannter zu machen. Ihr eigener Garten in Suffolk hinter dem reetgedeckten Cottage bietet unzähligen Pflanzen in vollen Beeten die jeweils besten Wachstumsbedingungen. Und natürlich gibt es für Wissenshungrige eine Vereinigung der Kräuterexperten in England, und dies nun schon seit bald 90 Jahren: www.herbsociety.org.uk

8. September

Zu Mariä Geburt fliegen die Schwalben fort,
bleiben sie noch da, ist der Winter nicht nah

Es wird Zeit, an die Frühlingsblüher zu denken und jetzt ihre Zwiebeln in die Erde zu bringen. Seit einigen Jahren hat sich Familie *Allium* in vielen Gärten angesiedelt. Man kann sie in großer Zahl in Wiesen setzen oder in kleinen Gruppen in Beeten. Auf allen englischen Gartenshows werden sie vom niederländischen Spezialisten und Goldmedaillengewinner W. S. Warmenhoven gemeinsam mit Amaryllis wirkungsvoll arrangiert. Zwar sind Amaryllis und *Allium* als **Liliengewächse** verwandt, können sie sich farblich ganz schön beißen. Der Geruch des ebenfalls zur Sippe gehörenden Bärlauchs malträtiert in Gärten und Parks empfindliche Nasen, verfeinert aber Risottos und Suppen. www.warmenhoven.co.uk

Allium
'Purple Sensation'
Allium
'Atlas'
Nectaroscordum
siculum
subsp. bulgaricum
Hippeastrum
Allium
'Globemaster'
Hippeastrum
Allium
'Round 'n Purple'
Allium
'Atropurpureum'

9. September

Bringt St. Gorgon Regen,
folgt ein Herbst mit bösen Wegen

....

....

....

....

....

Viele Kanäle und Flüsse sind die idealen Wasserstraßen, um England auf einer beschaulichen **Bootstour** zu erkunden. Oft unterbrechen Schleusen *(locks)* die Fahrt. Auch die Schleusenwärter sind Gartenfans und kümmern sich in den Wartezeiten zwischen den Booten um ihr wasserumspültes Stückchen Grün. Das Foto wurde auf der Themse zwischen Windsor und Henley-on-Thames aufgenommen. Es gibt Tagesausflüge, mehrtägige Reisen oder auch wochenweise Bootsvermietungen. www.ukcanalboating.com/routes/all-routes.html
Und wer in London ein wenig mit dem Boot schippern möchte, kann dies auf dem Regent's Canal mit dem Betrachten schöner Gärten (Olivenbäume mitten in der Stadt!) und dem Besuch des schrillen Camden Lock Markets verbinden. Starten kann man im vornehmen Stadtteil Little Venice, die nächstgelegene U-Bahn-Station ist Warwick Avenue, auch Paddington Station ist nicht weit. www.canalandrivercruises.com

ACTIEF
ACTIEF

10. September

Nach September-Gewittern,
wird man im Winter vor Kälte zittern

....

....

....

....

....

In den Sommer-Rabatten von Chenies Manor, Buckinghamshire, gesellen sich zum **Ziertabak** *(Nicotiana × sanderae)* Dahlien und Phlox. Die ausgewählte Farbpalette reicht vom hellen Rosa über kräftiges Rot und Pink bis zum Blau. Elizabeth MacLeod Matthews versteht es, die Beete das Jahr über attraktiv zu präsentieren. Der Duft des Ziertabaks durchzieht vor allem abends von Juni bis September den Garten. Die Pflanze ist nicht winterhart. Man kann ihre Samen aus den gereiften Blüten den Winter über trocken, frostfrei lagern und dann mit der Aussaat zunächst in Töpfen im März beginnen. Die Samen dazu nicht mit Erde bedecken. Ins Freiland kommen die Pflänzchen dann erst nach den Eisheiligen. www.cheniesmanorhouse.co.uk

11. September

Wenn im September viele Spinnen kriechen,
sie einen harten Winter riechen

Um einen halbrunden Sitzplatz gruppieren sich in den Farben des ***Union Jack-Hockers*** (von unten rechts im Uhrzeigersinn) *Pennisetum* 'Karley Rose', *Verbena bonariensis, Hydrangea macrophylla, Phlox* 'Flame Pink', *Calamagrostis, Echinacea* und manches mehr. Auf Deutsch: Federborstengras, Eisenkraut, Hortensie, Phlox, Reitgras, Sonnenhut. Schaugärten wie hier in *Hampton Court* 2012 liefern Ideen und genaue Informationen, erinnern aber manchmal an Schaufenster eines Pflanzencenters.

Hydrangea macrophylla
Phlox Flame Pink.

12. September

An Mariä Namen
kommen die Schwalben zusammen

....

....

....

....

....

Ein Geheimtipp ist in London das ***Garden Museum***. Obwohl fast gegenüber des Big Ben und dem *Palace of Westminster* am Ufer der Themse gelegen, ist es vielen Reisenden noch unbekannt. Untergebracht ist es in dem Kirchenschiff von *St. Mary of Lambeth Palace* und im ehemaligen Kirchhof. Wechselnde Sonderausstellungen präsentieren besondere Gartenmenschen, Gartenliteratur und Gartenanlagen. Aus dem Bestand der etwa 6000 Objekte werden 400 Jahre Gartenleben in England lebendig. Das kleine Café-Restaurant bietet vegetarische Mittagsgerichte und leckere Torten, ein ruhiger Winkel mitten im City-Getöse. „*One of the World's best Museum Restaurants*", meinte das *Gourmet Magazine* 2012.
www.gardenmuseum.org.uk

13. September

Viel Nebel im September über Tal und Höh',
bringt im Winter tiefen Schnee

Bridge over troubled water ist nicht nur ein Song von Simon und Garfunkel aus dem Jahr 1970, sondern auch der passende Name für diesen Best Show Garden der *Hampton Court Palace Flower Show* im Jahre 2012. Stufen mit Inschriften wie *Out of the Darkness* und *Into the Light* führen, begleitet von Gräsern und Stauden als lebende Balustraden, über das Wasserbecken der Sorgen. Mehr als nur eine hübsche Anlage, möchte der Entwurf von Anoushka Feiler auch plakativ auf die Probleme der Menschen mit ständigem Harndrang aufmerksam machen. www.scotscapelivingwalls.net www.bestique.co.uk

14. September

Ist's hell am Kreuzerhöhungstag,
so folgt ein strenger Winter nach

....

....

....

....

....

Schloss und Park von ***Hampton Court***, Herefordshire, sind immer einen Ausflug wert, nicht nur während der Flower Show. Mit dem Zug von Waterloo oder Vauxhall in London ist man rasch dort. Stilvoller ist jedoch die Anreise auf der Themse von Westminster über Richmond und Kingston. Viele Attraktionen erwarten den Besucher im Freien, bei nicht so schönem Wetter ist das Innere des Castles angesagt. Die *Great Hall* Heinrichs VIII., die *Chapel Royal*, die Tudor-Küchen, die Renaissance-Bildergalerie, die barocken *King's Apartments* König Williams III. Der Teichgarten wurde 1995 restauriert und vermittelt heute den Eindruck eines Barockgartens. Die an Stickerei erinnernden Muster der Beete (Broderie) wechseln ihre Farben im Jahreslauf. Morgen mehr. www.hamptoncourt.org.uk

15. September

Sankt Ludmilla, das fromme Kind,
bringt Regen gern und Wind

Hampton Court war lange die Lieblingsresidenz Heinrichs VIII. Alle seine sechs Frauen wohnten hier in eigenen Apartments. Doch erst unter William III. und Maria II. hat das eher an eine Burg erinnernde Tudor-Schloss seine noch heutige Palast-Form gefunden. Der Baumeister Christopher Wren wollte erst sämtliche Bauteile abreißen; glücklicherweise fehlten dazu Geld und Zeit. So konnte er 1689 nur mit dem Bau des Süd- und Ostflügels nach dem Vorbild von Versailles beginnen. Die Parkanlage mit ihren langen Blickachsen und geschnittenen Alleen folgt ebenfalls dem französischen Geschmack. Morgen noch mehr.
www.hamptoncourt.org.uk

16. September

An Sankt Cyprian
zieht man oft schon Handschuh an

....

....

....

....

....

Das trapezförmige Labyrinth aus zwei Meter hohen Eiben im englischen Landschaftsgartenteil des riesigen Parks von *Hampton Court* gehört zu den Publikumsmagneten. Einen solch schönen Überblick zeigt nur das Foto auf der Schautafel am Eingang. Innen drin verliert man jegliche Orientierung auf dem 800 Meter langen Pfad: ***Lots of fun!*** Weitere Attraktionen: Der größte Weinstock der Welt unter Glas, das Wildgehege beherbergt 270 Rehe und Hirsche, der Tennisplatz aus dem Jahr 1620 wird heute noch benutzt, der Knotengarten, der Rosengarten, der ummauerte Küchengarten und im Frühling wohl Millionen Narzissen in den Wiesen…

www.hamptoncourt.org.uk

17. September

Auf Lambert hell und klar,
folgt ein trocken Jahr

....

....

....

....

....

Dahlien sind im Spätsommer und Herbst noch einmal ein blühender Höhepunkt, bevor es in die farbärmeren Monate geht. Ihre Sorten gehen in die Tausende, unsere abgebildete gehört zu der Gruppe der Dekorativen. Hirschgeweih-, Halskrausen-, Seerosen-, Pompon-, Ball-, Kaktus- und Anemonenblütige Dahlien bezeichnen weitere Gruppen. Ihre Rhizome müssen vor dem Winter ausgegraben werden, da sie die Fröste bei uns nicht überstehen, und trocken gelagert werden. Manche legen sie in Holzregale wie zur Apfellagerung, andere betten sie in trockenen Sand in einzelne Töpfe und bezeichnen sie exakt – so im Rothschild-Garten Eythrope –, um im nächsten Jahr kein Blühchaos zu erleben.
www.national-dahlia-collection.co.uk

18. September

Lampert nimm Kartoffeln raus,
doch breit ihr Kraut auf dem Felde aus

Gartenhandschuhe begleiten die jetzt anstehenden Herbst- und Erntefreuden. Auf den englischen Gartenshows werden sie in all ihren Formen übersichtlich präsentiert, sodass man für jeden Zweck und jede Handgröße die passenden findet. Besonders eindrucksvoll sind die überlangen Pond Gloves, mit denen sich im Teich hantieren lässt, ohne dass die Hände nass oder vom Matsch berührt werden. Wer schon mal das Laub mit dem Rechen aus dem Nass gesammelt – und dabei schnell die empfindliche Teichfolie durchbohrt – hat, weiß solch einen Spezialhandschuh zu schätzen.

PVC GRIP 600
720 Nitrile
Pond Gloves

19. September

Viel Eicheln im September,
viel Schnee im Dezember

....

....

....

....

....

Die Architektur des **Brutalismus** erlebt in Ausstellungen und Publikationen gerade eine neue Bewertung. Gelten Sichtbeton, Rasterarchitektur und geometrische Gartengestaltung mit einer Möblierung aus Beton, Eisen und dunklem Holz eher als hässlich, steigen die Preise für Wohnungen aus den sechziger, siebziger und frühen achtziger Jahren, zum Beispiel im Barbican Center, London, ins Unerreichbare. In diesem Zentrum aus Wohnungen, Büros, Kinos, Museum und Restaurants laden an Sonnenschirme oder Baumkronen erinnernde Metallkonstruktionen unter normierten Sitzlandschaften zum Imbiss ein. www.barbican.org.uk

20. September

Donnert's im September noch,
wird der Schnee um Weihnacht hoch

....

....

....

....

....

Die **Spornblume** *(Centranthus ruber)* blüht von April bis in den Oktober und samt sich – wenn man nicht rechtzeitig die verwelkten Blüten abschneidet – üppig aus. Hier im Garten von *Bryan's Ground* wächst die karminrote 'Coccineus'. Sie mag einen sonnigen Standort mit trockenem Boden, ansonsten ist die Staude pflegearm und sehr dekorativ. Schnecken sind auch keine Gefahr, und Insekten lieben sie. Mit ihrer weißen Verwandten ('Albus') kann man sie gut kombinieren.

21. September

Tritt Matthäus stürmisch ein,
wird's bis Ostern Winter sein

Andrew Loudon aus Cumbria arbeitet als Steinkünstler *(dry stone waller)*. Seine Plastiken, Brunnen und Gartenanlagen präsentiert er auf allen Flower Shows. Er hat sich auf Trockenmauern spezialisiert, und selbst diese imposante Brunnenanlage im Lake District, wo Wasserbecken auf zwei Ebenen in Verbindung mit großen Treppen zu einem Garten aus Stein verschmelzen, kommt ohne Mörtel aus. Land Art-Künstler wie Andy Goldworthy arbeiten mit ihm zusammen, Museen wie The Royal Academy of Arts zeigen sein Werk. www.drystone-walling.co.uk

22. September

Zeigt sich klar Mauritius,
viel Stürm' er bringen muss

Romance and Roses – unter diesem schwelgerischen Motto präsentiert David Austin seine Englischen Rosen auf der *Hampton Court Palace Flower Show*. Betritt man das große Zelt, umhüllt einen sofort der Duft seiner Züchtungen. Die Vielfalt der Blütenformen und -farben wird noch gesteigert, indem er Drucke von romantischen Gemälden des 19. Jahrhunderts dekoriert, die von der Decke hängen und vor den Außenwänden stehen, um die Realität eines verregneten Sommermorgens vollends vergessen zu machen. Er gewann damit *Best Exhibit and Gold* – kein Wunder! www.davidaustinroses.com

23. September

Stellt sich am Herbstanfang viel Nebel ein,
wird viel Schnee im Winter sein

Die **Stockrosen** oder Stockmalven *(Alcea rosea)* verlangen vom Gärtner etwas Geduld. Im ersten Jahr bildet sich nur eine Blattrosette am Boden, aus der im zweiten Jahr dann der bis zu drei Meter lange Stängel wächst. Die Blüten bilden sich am oberen Ende und formen ganze Trauben in wunderschönen Pastellfarben. Eine nach Süden gerichtete Mauer oder ein Zaun geben Halt und Wärme. Ende September lässt man die Blüten stehen und austrocknen. Die Samen kann man dann im späteren Herbst zwischen den Fingern verreiben, im Beet verstreuen und unterharken. Im Frühjahr sucht man die kräftigsten neuen Pflänzchen aus und kann sie an die optimale Stelle umsetzen. Das Foto zeigt die *Common Hollyhocks*, so ihr englischer Name, in einem Cottage-Garten in Worcestershire.

24. September

Friert es an Vergilius,
im Märzen Kälte kommen muss

....

....

....

....

....

Beste **Erntezeit** im Gemüsegarten von *Chatsworth House*. Im milden Klima von Derbyshire gedeihen hier wundervoll Kohl, Salate, Bohnen, Zucchini, Artischocken, Erbsen, Kürbisse, Lauch, Sellerie, Mangold, und Birnen über Rankbögen tragen reichlich Früchte. Der Oregano oder falsche Majoran blüht im September und verströmt mediterranen Duft. Wenn dann die spätsommerliche Abendsonne die Farben leuchten lässt, wird auch ein Nutzgarten richtig schön. www.chatsworth.org

25. September

Nebel an St. Kleophas,
wird der ganze Winter nass

....

....

....

....

....

Ein geschützter Sitzplatz, der den optimalen Ausblick in den Garten, aufs Haus oder in die umgebende Landschaft bietet, sollte in jedem Garten zum „Ausflug“ einladen. Hier sehen wir den *Medium Edo Seat* des Gartenmöbelbauers Andrew Crace in Hertfordshire, im Norden Londons. Dort werden Möbel aus englischer Eiche oder zertifiziertem Iroko-Holz, ähnlich dem Teak, vor Ort hergestellt. So ein Möbel hält dann ein Leben lang, kostet aber auch um die 3000 Pound Sterling. Im Vordergrund der üppige **Zier-Rhabarber** *(Rheum palmatum)*, dessen getrocknete Wurzel schon um 2800 vor Christus in China als Heilmittel mit abführender Wirkung eingesetzt wurde, auch die alten Griechen nutzten sie. Der Name setzt sich übrigens aus dem Griechischen *Rha* für Wurzelteil einer Droge und dem Barbar zusammen, dem Begriff für fremde asiatische Völker, die die Pflanze ursprünglich kultivierten. www.andrewcrace.com

26. September

Sankt Kosmas und Sankt Damian
fangen das Laub zu färben an

....

....

....

....

....

The ***Golden Border*** nennt die Duchess of Devonshire diese Rabatte zurecht. Die Sonnenbraut zusammen mit dem Gelb der Strohblumen und des Bronzefenchels strahlen noch einmal mit voller Leuchtkraft, bevor es auch an dieser Promenade wieder ruhiger zugeht. In den letzten Jahren wird die Sonnenbraut gern mit Gräsern (Rutenhirse, Goldbartgras) in großen Gruppen kombiniert. Das erinnert im eigenen Garten dann an die Prärie, wo die Sonnenbraut *(Helenium)* herkommt.

27. September

*Wenn Hiltrud im Kalender steht,
wird noch einmal das Gras gemäht*

....

....

....

....

....

Direkt vorm Haus hat Sir Roy Strong seinen **Wassergarten** angelegt, der an italienische Villen denken lässt. Das klassische Säulenkapitel im Hintergrund verstärkt den Eindruck. Das grün gestrichene Spalier gliedert die Fassade und schmückt auch in den Monaten ohne Weinlaub. In der Gegenrichtung öffnet sich dann die Blickachse in die weiteren Gartenräume. Roy hat seine vielen Formgehölze gern selbst geschnitten und dabei über neue Gestaltungen der großzügigen Anlage nachgedacht, wie seine Frau Julia berichtete. www.thelaskettgardens.co.uk

28. September

Kommt Wenzelslaus mit Regen an,
werden wir Nüsse bis Weihnachten han

....

....

....

....

....

Niedrig hängende **Spalieräpfel** erlauben deren Ernte, ohne sich in hohe Baumkronen wagen zu müssen. In England setzt man sie gern vor die Wände von Glashäusern. So nutzen sie die Strahlwärme und beschatten zugleich die Glasflächen und schützen somit vor Überhitzung im Inneren des Gewächshauses. Besser als die Südseite ist jedoch die Westseite, denn zu heiß mögen es die Äpfel nicht. Niederstamm- oder Viertelstamm-Veredelungen sind die richtige Ausgangsware. Ihre Lebensdauer liegt aber bei nur 20 Jahren. 'Cox's Orange Pippin', 'Spartan' und 'Lord Lambourne' sind in England unter Hobbygärtnern beliebte Sorten. Informationen über 600 Sorten und Obstgärten, wo sie wachsen, findet man unter www.orangepippin.com

29. September

Wenn an Michael der Wind kalt weht,
ein harter Winter zu erwarten steht

....

....

....

....

....

Die sehenswerte ***Rhodds Farm*** kann man im Rahmen des *NGS (National Garden Scheme)* besuchen, Gruppen können in den Monaten Mai bis Oktober auch besondere Termine vereinbaren (siehe auch 14. und 25. Mai.). Der Anfahrtsweg ist nicht ganz leicht zu finden, die englische Beschreibung liest sich wundervoll: „*Rhodds Farm is south of the A44 between Kington and Lyonshall. From Kington take the A44 towards Leominster. After about 1 mile you will see Penrhos Farm on your left and just after, there is a small turning to the right. Take this small road and after another mile you will pass a red brick bungalow with a green barn on your right. Just after that as the road turns sharply to the left you will see the Rhodds Farm sign and the entrance driveway ahead. Go down the drive, the car park is on the left.*“ www.rhoddsfarm.co.uk

30. September

War der September klar und hell,
verheißt ein gutes nächstes Jahr

....

....

....

....

....

Die **Herbstzeitlose** *(Colchicum* 'Waterlily'), hier in einem der großen steinernen „Blumenkörbe" im Westgarten von *Chatsworth House* (die ganze Anlage im Winter zeigt der 2. Januar), tritt im Süden Englands und Irlands oft in großen Gruppen auf. Weiter im Norden oder in Schottland ist sie nicht in freier Natur zu finden. Alle ihre Pflanzenteile enthalten das giftige Alkaloid Colchicin, das in der größten Konzentration in den Blüten vorkommt. Kinder sollte man von diesem wunderschönen Herbstblüher unbedingt fernhalten. Gefährlich ist auch, dass die Pflanze in ihrer blütelosen Zeit mit dem Laub des Bärlauchs verwechselt werden kann. All dies brachte ihr den Titel „Giftpflanze des Jahres 2010" ein: *be careful!*

1. Oktober

Regen an Sankt Remigius
bringt den ganzen Monat Verdruss

Dieser luftige Pavillon ist aus fertigen Elementen zusammengesetzt worden, wie es sie im Baumarkt oder über das Internet gibt. Der Anstrich wird jedes Jahr erneuert, und so konnten ihm die 600 000 Besucher, die in *Wisley* seit 2001 hindurchgelaufen sind, noch keinen Schaden zufügen. Zusammen mit den stattlichen *Euphorbia*-Blüten im Vordergrund und der Skulptur aus Glasscheiben bietet der kleine Schaugarten gute Ideen für einen wettergeschützten Erholungsplatz für die *cup of tea* oder *coffee* im Garten. Vorsicht ist bei dem austretenden Saft der **Wolfsmilch** geboten, da er die Haut verätzen kann, daher der furchterregende deutsche Name der Pflanzenschönheit. www.championtimber.com

2. Oktober

Im Oktober der Nebel viel
bringt im Winter der Flocken Spiel

Alte **Zinkwannen** und Emaileimer werden zu Gold, na, nicht ganz, aber 40 Pounds muss man für eine Wanne schon zahlen. Auf der *Hampton Court Palace Flower Show* 2012 wurden sie angeboten. Auf Wertstoffhöfen in der Abteilung „Metallschrott" kann man hierzulande auch fündig werden, um so das Flair alter Zeiten in den Hausgarten zu holen. Für Miniseerosenteiche oder Pflanzübertöpfe sind sie gut geeignet und halten noch einige Jahre.

£20
£35
£40

3. Oktober

Ein Herbst, der gut und klar,
ist gut für das kommende Jahr

Am 27. September hatten wir zuletzt einen Blick in Roy Strongs Garten geworfen und wir erwähnten die meditative **Schnittfreudigkeit** des Hausherrn. Hier sehen wir einen weiteren Gartenraum, den er mit seinen Scheren geformt hat und der das ganze Jahr über vom Wintergarten aus seine dekorative Wirkung behält. www.thelaskettgardens.com

4. Oktober

*Sonne an Sankt Franz
gibt dem Wein den Glanz*

....

....

....

....

....

Meditationsgarten für eine Person, so hat **Martin Cook** diese flirrende Mischung aus Sommerblühern und dem ruhenden Stein mit seiner spiralförmigen Inschrift genannt. Der Künstler stammt aus einer Familie von Steinmetzen, die den Beruf seit 1730 ausübt. Die Hektik des Alltags, dargestellt durch die „alltäglichen" Pflanzen, wird von der Skulptur quasi zur Ruhe gezwungen: Learn to be silent – let your quiet mind listen and absorb – in silence you will see benefits in all things. Ein viel beachtetes Stück Land auf der *Chelsea Flower Show* 2013. www.martincookstudio.co.uk

LEARN TO BE SILENT · LET YOUR QUIET MIND LISTEN AND ABSORB · IN SILENCE YOU WILL SEE BENEFITS IN ALL THINGS

5. Oktober

Warmer Oktober bringt fürwahr
stets einen kalten Februar

....

....

....

....

....

Südwestlich von Birmingham in Herefordshire liegt der Cottage-Garden-Bilderbuchort Eardisland. In ihrem Garten ***Glanarrow*** haben sich Lotty und Christopher James Wohlfühlinseln geschaffen. Mit blockartig in den Garten gesetzten Hecken schützen sie sich vor dem Wind und können von der Sissinghurst-Bank aus das unglaubliche Seerosenblattgetümmel auf ihrem Teich bewundern. www.glanarrow.co.uk.

6. Oktober

Sankt Bruno, der Kartäuser,
lässt die Fliegen in die Häuser

....

....

....

....

....

In Lücken zwischen Häusern, auf unbebaubaren Restgrundstücken oder hinter Garagenwänden ist Platz für Gärten! Dies beweist Kate Gould mit ihrem Gartenentwurf **Eco Chic**. Das Material stammt von verschiedenen Baustellen, wo es einfach liegengelassen wurde; schattenverträgliche Pflanzen bringen Grün in die einstige Ödnis. Selbst für einen kleinen Brunnen ist Platz, wobei der Wasserstrahl von den Geräuschen der Umgebung ablenkt. Am Abend kann man den schlichten Sitzplatz dank indirekter Beleuchtung länger genießen. Der Garten gewann Gold auf der *Chelsea Flower Show* 2009. www.heliosdesigns.co.uk

7. Oktober

*Schneit's im Oktober gleich,
wird der Winter weich*

Palmkohl 'Nero di Toscana' ist anfällig für allerlei Schädlinge (Kohlerdfloh, Kohlfliege, Kohlweißling, Kohldrehherzmücke…), deshalb wird er oft unter engmaschigen Schutznetzen gehalten. Er sollte auch nicht öfter als zwei Mal am gleichen Ort im Garten gepflanzt werden, da er ein Starkzehrer ist. Im großen Küchengarten des Restaurants *Le Manoir aux Quat' Saisons* in Great Milton, Oxfordshire, wird das Gemüse für die Küche von Raymond Blanc, einem der führenden Köche Englands, aufwändig kultiviert. Kurse helfen dort die Kochkunst in der eigenen Küche zu vervollkommnen. www.manoir.com

8. Oktober

Sankt Pelei
führt Donner und Hagel herbei

....

....

....

....

....

Rittersporn (unter anderem 'Black Knight' und 'Blue Jay') umrandet den Küchengarten von *Chatsworth House* und führt in die offene Landschaft hinein. Er inszeniert mit seinen intensiven Blautönen ein verzauberndes Aquarellbild. Vor allem die Samen enthalten jedoch Alkaloide, und so hat es der Rittersporn 2015 zum Titel Giftpflanze des Jahres gebracht. Den Gattungsnamen *Delphinium* verdankt er der Knospenform, die (recht entfernt) an das Meerestier erinnert. Der Potsdamer Staudenfachmann Karl Foerster bezeichnete die Pflanze, der er viel Züchtungsarbeit widmete, als „Ritter der Rose". www.chatsworth.org

9. Oktober

Donisl nass,
Winter nass

....

....

....

....

....

Entspannen, Lesen, Essen, sich Unterhalten: manchmal dient ein Garten allen Bedürfnissen. Doch selten ist die Gestaltung so bewusst an die eines **Wohnzimmers** angelegt, wie Mike Harveye sie 2012 auf der *Hampton Court Palace Flower Show* präsentierte. Ein Kamin, Schaukelstühle mit weichen Kissen und ein florales Wandbild schmücken das Zuhause unter freiem Himmel. Ihm war wichtig, dass der sechs mal neun Meter kleine Garten pflegeleicht ist und mit wenig Wasser auskommt – weniger Arbeit, weniger Pflichten. www.arunlandscapes.co.uk.

10. Oktober

Oktoberschnee
tut Mensch' und Tieren weh

Kürbisse haben im Englischen viele Namen, die sehr viel genauer die einzelnen Nutzungsarten unterscheiden, als wir dies im deutschen mit Zier- und Speisekürbis tun. *Squashs* werden roh verzehrt, *Pumpkins* sind die großen, die ausgehöhlt werden und als Laternen an Halloween erfreuen, aber auch als Suppe und Gemüse auf den Tisch kommen. *Cushaws* sind gekrümmte Winterkürbisse, die zum Backen oder als Viehfutter ideal sind. Wie die *Gourds* dient auch der Flaschenkürbis nur der Zierde. Das farbenfrohe Ensemble mit dem beliebtesten Speisekürbis, dem orangenen Hokkaido, der auch ideal ist für Relishs, schmückt den Gemüsegarten des Restaurants *Le Manoir aux Quat' Saisons,* Oxfordshire. www.manoir.com

11. Oktober

Blühen im Herbst die Bäume auf's neu,
währet der Winter bis zum Mai

Die großen Gewächshäuser von ***Wisley Gardens*** sind das ganze Jahr über ein beliebter Ort, um Körper und Gemüt aufzuwärmen. Sie sind in verschiedene Klimazonen unterteilt und bieten mediterraner, subtropischer und tropischer Flora den idealen Lebensraum. Da es auf dem weitläufigen Gelände in Surrey recht windig werden kann, schützen die *Conservatories* auch davor aufs Beste. Die große Wasserfläche im Süden der Glashäuser reflektiert die Sonne und erhöht so noch deren Strahlkraft. Die 150 Meter lange „Präriegarten-Rabatte" im Vordergrund hat der niederländische Gräser- und Staudenexperte Piet Oudolf 2001 angelegt, hier im zeitigen Frühlingskleid und nicht im goldenen Herbstfarbenrausch. Morgen mehr.
www.rhs.org.uk/gardens/wisley

12. Oktober

Wer den Acker im Herbst nicht stürzt,
hat seine Ernte zur Hälft gekürzt

....

....

....

....

....

Die **Orchideen** im Glashaus von *Wisley* leuchten wie Lampions und werden so präsentiert, wie sie sich mit ihren Luftwurzeln frei hängend im „Urwald“ ernähren und gleichzeitig festhalten. Keine andere Pflanzenfamilie hat eine solche Vielfalt an Blütenfarben und -formen hervorgebracht. Manchmal nur wenige Millimeter klein, manchmal 20 Zentimeter groß, mal einfarbig, mal vielfarbig können ihre Blüten leuchten. Rafael Govaerts hat bisher für die Londoner *Royal Botanic Gardens Kew* über 25 000 Arten registriert. www.kew.org